Tomris Tangaz

INTERIOR DESIGN

DALL'IDEAZIONE AL PROGETTO

EDITORE ULRICO HOEPLI MILANO

Titolo originale:
Interior Design Course

via Hoepli 5, 20121 Milano (Italy)
tel. +39 02 864871 – fax +39 02 8052886
e-mail hoepli@hoepli.it

www.hoepli.it

Traduzione: Claudio Carcano

ISBN 978-88-203-3804-6

Ristampa:

4 3 2 1 2016 2017 2018 2019 2020

Copertina: MN&CG S.r.l., Milano

Fotografia principale in copertina
© Winfried Heinze/Redcover.com

Realizzazione editoriale:
Studio Parole, Milano

Stampa:
SNP Leefung Printers Ltd

Printed in China

indice

Capitolo 1

Capitolo 2

Capitolo 3

Capitolo 4

Capitolo 5

Introduzione

L'interior design è un'attività sociale: riunisce le persone, permette di trasmettere le nostre idee con maggiore efficacia e di condividere i nostri interessi in maniera creativa. Un interior designer ha il gratificante compito di intervenire con grande forza sulla qualità delle vite individuali trasformandola in realtà. Se state leggendo questo libro, è probabile che in voi sia già nata l'aspirazione a dare corpo a questa differenza.

Sia che abbiate intenzione di sviluppare il vostro interesse per l'interior design, sia che vogliate intraprendere la carriera di designer e preparare un portfolio, questo è il libro che fa per voi. Progettato specificamente per trattare tutti gli aspetti dell'interior design, questo corso intensivo presenta l'uso dei principi basilari di tale disciplina con una serie di progetti. Ispirazione e immaginazione sono le spinte fondamentali per cominciare a studiare. Indipendentemente dalla vostra preparazione, questo corso incoraggerà la vostra creatività e vi aiuterà a esplorare e ad approfondire i vostri progetti.

Questo libro introduce a un campo specialistico nel quale apprenderete reali capacità da professionisti. È suddiviso in unità, ed è strutturato come un corso universitario, consentendo un approccio approfondito e metodico alla disciplina. I consigli professionali all'interno del volume assumono varie forme. I portfolio degli studenti vi guidano all'apprendimento mentre lo studio di casi contemporanei fornisce delucidazioni sulla natura e la portata di ciascun

campo specialistico a garanzia dell'avanzamento dell'esercizio della vostra professione.

Ogni capitolo presenta una serie di progetti con i quali cominciare e che vi aiuteranno a sviluppare le vostre capacità creative e le tecniche professionali. Sperimentando con varie metodologie materiali, strumenti e procedimenti tecnici e creativi acquisterete consapevolezza del processo di progettazione e dell'importanza delle questioni legate al design.

Questo libro rappresenta l'apice di molte preziose esperienze, prima come studentessa di interior design, poi come professionista e infine come docente, autrice e direttrice di corsi. Sono grata per queste esperienze e per il ricco contributo fornitomi da colleghi, collaboratori e studenti che, nel corso degli anni, hanno messo in discussione, testato e sollecitato l'intensità e la complessità dell'interior design come disciplina creativa. Spero che l'esperienza che ricaverete dalla lettura di questo libro sia altrettanto preziosa e che vi stimoli a impegnarvi con lo stesso mio entusiasmo e la stessa mia passione. Ricordate, il design non si occupa solo di risolvere problemi! Significa anche imparare a capire e a godere degli ambienti a noi più vicini intervenendo su di essi per migliorarli e modellarli.

Tomris Tangaz

Come usare questo libro

Organizzato in unità di apprendimento per rispecchiare i corsi delle principali scuole di design, questo libro presenta tutti gli aspetti dell'interior design, dall'idea iniziale all'aggiunta degli ultimi ritocchi. Il volume inizia con un capitolo sui modi di sviluppare un'idea, partendo da un concetto base (acquisire la capacità di disegnare a mano libera) e procedendo con gli aspetti pratici della realizzazione di un progetto (indagine sul campo e creazione dei profili dei committenti). L'ultimo capitolo mostra come creare un portfolio e sottoporlo alle aziende per poter entrare in questo settore.

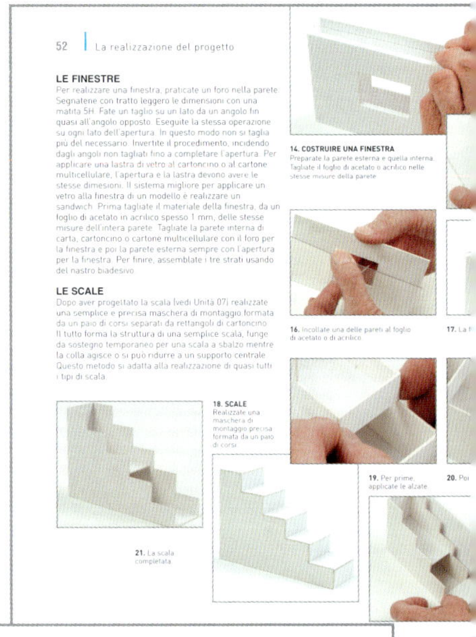

UNITÀ DI APPRENDIMENTO

Il contenuto è distribuito in unità essenziali, di facile comprensione e numerate, che si sviluppano su due, quattro o sei pagine. Tutte le informazioni collegate a una specifica unità sono quindi consultabili senza dispersione. Le unità affrontano argomenti sia teorici, sia pratici.

PROGETTI
Ogni capitolo presenta una serie di progetti che vi permettono di esercitare le vostre capacità a mano a mano che procedete, e che vi aiutano a sviluppare creatività e abilità tecniche e professionali.

OBIETTIVI
All'inizio dell'unità vengono spiegati gli obiettivi. In questo modo avrete un'idea di quello che apprenderete nelle pagine seguenti.

LAVORI DI STUDENTI
Numerosi gli esempi di lavori svolti da studenti, cosicché possiate confrontare il vostro lavoro con quello dei compagni.

53

SCALE A CHIOCCIOLA
Per realizzare la scala a chiocciola con colonna di appoggio centrale tracciate la pianta della scala su cartoncino. Tagliate i cerchi e ricavatene i gradini, ma senza il foro per la colonna. Una maschera di cartoncino terrà orizzontale la colonna. Segnate su di essa le alzate dei gradini. Fate un intaglio a becco d'uccello per accogliere la colonna sulla quale incollerete i gradini con colla per balsa. Ruotate la colonna e applicate il successivo gradino

23. SCALE A CHIOCCIOLA Fate un intaglio a becco d'uccello per posizionare la colonna.

24. Disponete orizzontalmente la colonna sul cartoncino d'appoggio e segnatevi il punto di inserimento dei gradini.

25. Dopo ogni inserimento di gradini, ruotate la colonna e proseguite.

CURVE TRIDIMENSIONALI
Sfere ed elementi tridimensionali sono difficili da realizzare perciò è preferibile ricorrere a quelli già pronti. Esistono fornitori specializzati per la realizzazione di modelli e alcuni laboratori elementi su misura. In alternativa, costruite il pezzo che vi serve realizzando una forma in applicandovi sopra del sapone e rivestendola strato di carta velina imbevuto di colla. Potete usare la resina in fibra di vetro rinforzata.

ALBERI, ROCCE E ACQUA
Gli alberi si possono creare con il filo metalli la corteccia di sughero reperibile dai fioristi scogliere e rocce realistiche. Qualunque sup riflettente (per esempio, carta patinata, lacca acrilico) simula l'acqua. Ricordate che raram è azzurra se non nelle giornate molto solegg

APPOSITE SEQUENZE PASSO PASSO

Apposite sequenze di fotografie forniscono gli strumenti pratici per costruire modelli e illustrano i vari aspetti del disegno tecnico.

STUDI ANALITICI

L'autrice esamina il modo in cui nella loro pratica professionale gli interior designer hanno affrontato compiti specifici, fornendo un'idea dei desideri della committenza e della somma stanziata. Questi studi saranno fonte d'ispirazione per i vostri progetti e forniranno delucidazioni sull'attività del designer professionista.

66 | La realizzazione del progetto

STUDIO ANALITICO 04: Aggiornare il datato

L'INCARICO
Aggiornare un bagno ridisegnandone e ampliandone l'interno per creare uno spazio che sia un paradiso di lusso estetico.
Budget: ridotto. Il cliente è un giovane professionista alla ricerca di un effetto sensazionale.
Designer: Forster, Inc.

Di tanto in tanto, uno spazio interno può perdere il suo vero scopo, diventando meno efficiente e in sintonia con i requisiti dello stile di vita. Nel caso qui descritto, un bagno di noiosa praticità e vecchio viene riprogettato e reso dinamico, creando un effetto sensazionale per l'abitazione. Fantasiose caratteristiche progettuali e materiali innovativi si fondono per creare e trasformare un bagno essenziale in un bagno di lusso e luce.

UN BAGNO COME ATTICO
Troppo spesso gli spazi d'uso pratico sono realizzati con scarsa immaginazione e senso estetico. Il bagno qui proposto mostra come uno spazio funzionale possa essere del tutto pratico diventando al contempo un attraente punto focale della casa. Il bagno esistente era troppo piccolo; i progettisti hanno deciso di ampliarlo sfruttando la presenza di un ampio corridoio. La creazione di una parete curva ha permesso loro di utilizzare efficacemente lo spazio e di raddoppiarlo come un eccitante particolare di design per l'ingresso dell'appartamento. Nonostante il budget ridotto, il gruppo di progettisti è riuscito a operare una trasformazione radicale per l'intera residenza.

INDIVIDUALITÀ
Creare una caratteristica speciale di design denota innovazione e individualità e inoltre costituisce una soluzione progettuale pratica su misura per le esigenze del committente. La parete curva è costituita da una struttura in acciaio inossidabile che sostiene un doppio strato di lastre trasparenti di materiale acrilico

Studio analitico 04: Aggiornare il datato | 67

MATERIALI E FINITURE
L'utilizzo di materiali moderni e di intelligenti effetti luminosi ha permesso ai designer di testare le loro idee con nuove tecnologie e di collaborare con un gruppo di tecnici specializzati. La parete ricurva è stata realizzata con una struttura in acciaio inossidabile tagliata al laser, con un doppio strato di polipropilene traslucido. Composta da vari pezzi, la parete è stata montata sul posto. Pannelli di pellicola colorata creano un contrasto con il pavimento a mosaico, mentre la parete è illuminata da luci al neon regolabili poste alla base. La copertura in acciaio inox costituisce un ingegnoso dettaglio per celare le tubazioni. L'effetto finale produce un nuovo concetto di "stanza da bagno" sostituendo quest'ultima con una pelle traslucida che risplende giorno e notte. Il cliente nota: "Quando sono nel bagno, mi sembra di essere circondato da un alone. La luce irradia dalle pareti acriliche arancioni e rosse e tutto il bagno risplende".

DETTAGLI METALLICI
La levigatezza e la lucentezza del metallo sono presenti negli elementi fissi e negli accessori. Un dettaglio in acciaio inossidabile cela con una netta finitura le tubazioni della vasca

INTERAZIONE DEI COLORI
Le pareti azzurre e il mosaico blu del pavimento fanno risaltare la curva della parete, creando sottili contrasti e armonie di colore

COLORE FLUTTUANTE
Le campiture arancioni e gialle fluttuano all'interno della parete acrilica per creare un ambiente e un effetto fastoso dall'interno dello spazio destinato al bagno

LAVORI PROFESSIONALI

Numerosi sono gli esempi professionali di commissioni finite e di lavori in fase di realizzazione, accompagnati da suggerimenti e indicazioni per lavorare nella maniera migliore.

RISORSE

Alla fine del libro troverete un glossario e l'indicazione di utili risorse.

1 Lo sviluppo di un'idea

Questo capitolo vi guida attraverso le fasi di ricerca e sviluppo di un'idea, fino a vederla realizzata all'interno di un contesto. Le unità di questo capitolo illustrano come soggetti familiari possano fornire inestimabili risorse di studio. Utilizzando l'osservazione come uno strumento, imparerete ad attingere dall'ambiente che vi circonda, trovandovi ispirazione per i modelli progettuali. Una serie di tecniche a mano libera, tra le quali disegno, collage, fotografia e costruzione di modelli, vi consentirà di esaminare con cura forme, luci, texture e proporzioni.

Le capacità chiave relative a questa unità sono l'osservazione e la ricerca. Integrando le vostre idee con la ricerca personale, imparerete a sviluppare un album di schizzi, a esplorare l'idea trasferita nello spazio e comincerete a capire il processo della progettazione.

1

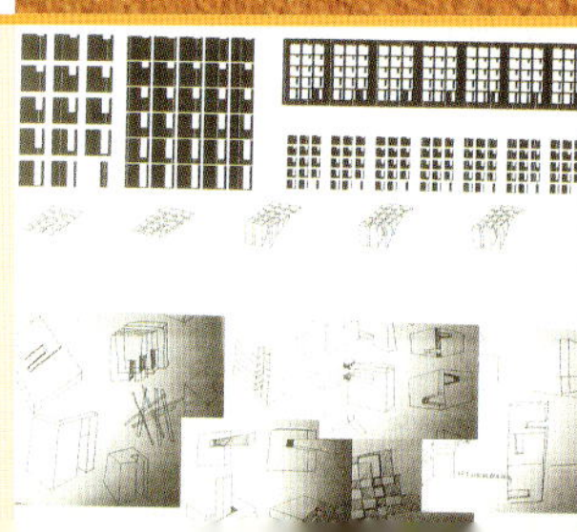

2

Vedi anche
Unità 17: **Componenti edili** (pagina 84)
Unità 18: **Materiali per edilizia** (pagina 90)

Unità 01: Ricerca sul posto e studio degli edifici

OBIETTIVI
- Imparare a redigere uno studio approfondito
- Fornire schizzi e disegni dettagliati
- Usare vari materiali da disegno

Ogni studio inizia dalla ricerca. Che il soggetto sia un edificio, un designer o una particolare area, la ricerca vi fornisce un contesto all'interno del quale lavorare e migliorare la vostra comprensione. La ricerca vi consente di essere precisi, di aumentare il vostro sapere e di usare metodi e processi che vi porteranno a fare scoperte e a risolvere problemi. L'unità illustra i primi passi della ricerca sul posto e dello studio degli edifici. Le capacità che acquisirete vi permetteranno di osservare, mettere in discussione, registrare e comunicare idee architettoniche d'interesse.

Prima di iniziare a disegnare le vostre idee è importante che vi rendiate conto dell'ambiente circostante. I gusti sono spesso generati e forgiati dall'esperienza. Finora, potreste avere ritenuto l'ambiente un fondale o una sorta di fitta tappezzeria a difesa dalla routine quotidiana. Ora però soffermatevi a notare la ricchezza degli spunti di design che vi circondano. La ricerca sul campo spalanca le porte a un mondo di osservazioni. Gli edifici, come le persone, esprimono personalità, valori, qualità, convinzioni e idee. Sperimentare l'architettura significa esplorare queste qualità e trarne ispirazione.

COGLIERE IL CARATTERE
I primi disegni possono aiutare a cogliere la natura di un luogo. Ripetuti tratti calcati di matita creano un effetto drammatico.

IL PROGETTO

Scegliete un edificio che trovate interessante e che sia facilmente accessibile. Prima di cominciare a disegnare, datevi il tempo di considerare la geometria dello stesso. Partite dallo studio della forma, delle dimensioni, delle proporzioni, dei dettagli, dei materiali e delle funzioni. Rammentate che lo stesso edificio è nato da un disegno e questo vi aiuterà a visualizzarlo come un insieme di piani orizzontali e verticali. Fotografatelo da varie angolazioni e riprendete da vicino dettagli e materiali. Cercate di coglierne l'essenza, di percepire l'edificio e concentratevi su quello che volete esplorare. Per aiutarvi a sviluppare il vostro studio, ponetevi questa domanda: che cos'è importante?

Il processo

Usate la lista di controllo qui accanto per delineare il vostro studio. Una volta cominciato a disegnare, cercate di variare il tempo dedicato agli schizzi. Schizzi eseguiti in più o meno tempo consentono di realizzare disegni differenti. Uno schizzo fatto in cinque minuti è espressivo e vivo perché coglie solo le idee e le caratteristiche salienti. Usate materiali come il carboncino e le matite tenere per disegnare velocemente. Un disegno accurato richiede più tempo e può fornire maggiori dettagli. In questo caso, usate matite più dure per i contorni e l'inchiostro per i dettagli.

Considerazioni sul luogo

Osservate il contesto nel quale sorge l'edificio. L'area circostante il sito vi fornirà preziose informazioni, redigete una vostra lista di controllo di domande per individuare i punti di forza del luogo. Guardate il modo in cui l'edificio è posizionato nella strada. È in armonia con le altre costruzioni? Tiene conto dell'architettura vicina e, in tal caso, in che modo? Sembra funzionare bene? Ci sono altre caratteristiche interessanti in grado di influire sul modo in cui l'edificio è percepito? Si potrebbe trattare del rapporto tra l'edificio e altri fattori del luogo, come una via trafficata, un fiume, un parco o un mercato.

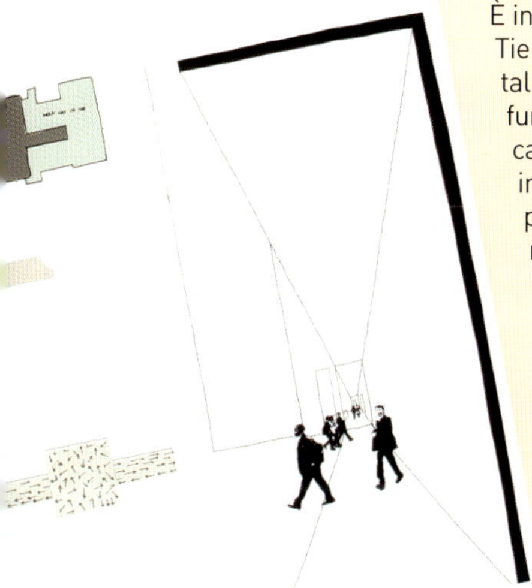

PROSPETTIVA AEREA
Le vedute dall'alto di un sito evidenziano il rapporto esistente tra l'edificio e il contesto circostante. Spazi pubblici e privati sono presentati a colori e con frecce che indicano la circolazione pubblica.

LISTA DI CONTROLLO

Pieni e vuoti Studiate la geometria dell'intero edificio, comprese facciata e aperture per porte e finestre.

Scala e proporzioni Valutate la scala e le proporzioni dell'edificio in sé e in rapporto con l'area circostante.

Ritmo Cercate le ripetizioni, i dettagli ornamentali o eventuali linee che suggeriscano un movimento o un ritmo.

Texture Esplorate l'uso dei materiali e i contrasti che potrebbero suggerire.

Luci e ombre Il modo in cui la luce illumina l'edificio potrebbe accentuare o modificare gli elementi del design, perciò individuate quelli d'interesse.

Colore Esplorate l'uso del colore e i suoi effetti sull'edificio.

SITO FLUVIALE
Un sito in prossimità di un fiume fornisce informazioni circa le vedute e descrive l'importanza dell'architettura come punto di riferimento architettonico nel paesaggio urbano.

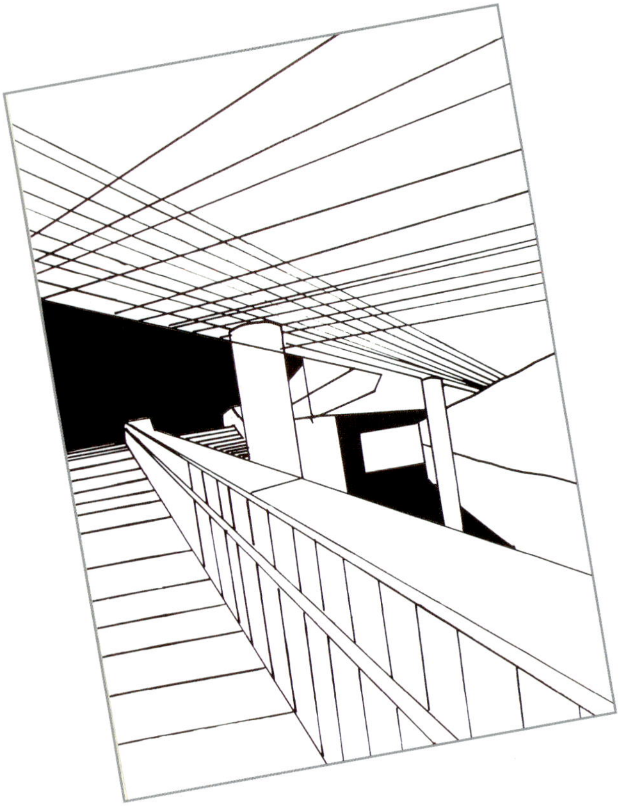

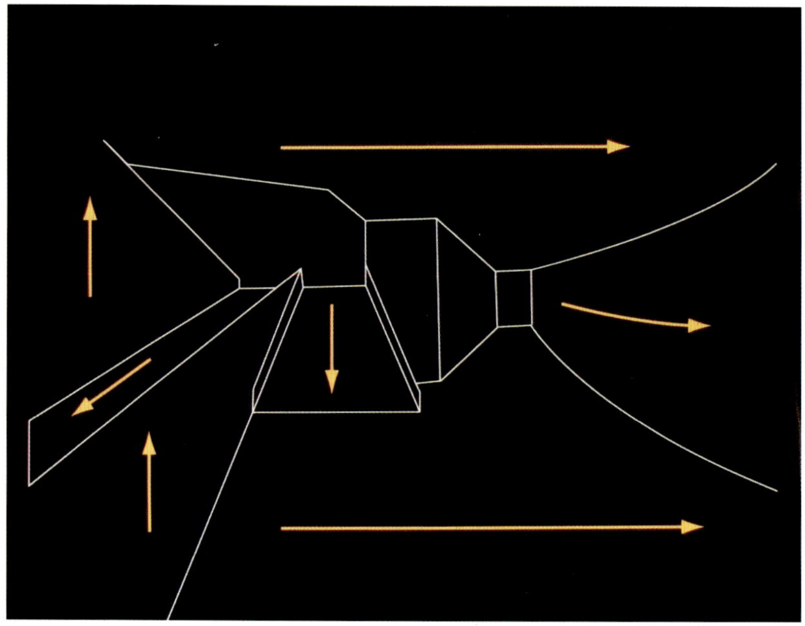

Gli edifici sono composizioni che incorporano elementi differenti. L'intreccio di rapporti materiali, strutture e forme può risultare eccessivamente complesso per essere compreso al primo sguardo. Partendo dall'aspetto esteriore degli edifici possiamo porci domande circa gli spazi al loro interno. Una facciata di carattere a volte utilizza lo stesso linguaggio progettuale per definire gli spazi interni. Nell'iniziare la ricerca sul posto, lo strumento principale a vostra disposizione è l'osservazione. Preparate una lista di controllo per aiutarvi ad analizzare ogni elemento e concentratevi sulle caratteristiche e sui dettagli architettonici di facile accesso. Sia che scegliate di studiare edifici storici, come chiese gotiche o templi classici, sia che siate attirati dal design di edifici moderni, come centrali elettriche o grattacieli, il vostro studio dovrebbe partire dai suggerimenti della lista di controllo per creare idee.

DISEGNI E DIAGRAMMI
Un diagramma utilizza un linguaggio puramente visivo per trasmettere un'idea. **Sopra, a destra**, gli elementi architettonici sono rappresentati insieme a frecce che descrivono un percorso spaziale. **Sopra**, un semplice disegno al tratto fornisce la visione prospettica di un interno. Angoli e piani decrescenti creano un contrasto tra il pieno (bianco) e il vuoto (nero).

DISEGNI FRUTTO DI OSSERVAZIONI
La familiare vista di una strada può costituire il punto di partenza per acquisire capacità di osservazione e disegno.

THE APARTMENT	THE SISTER	THE BROTHER
open welcoming adaptable	reality intuition experience	chance solitude distance

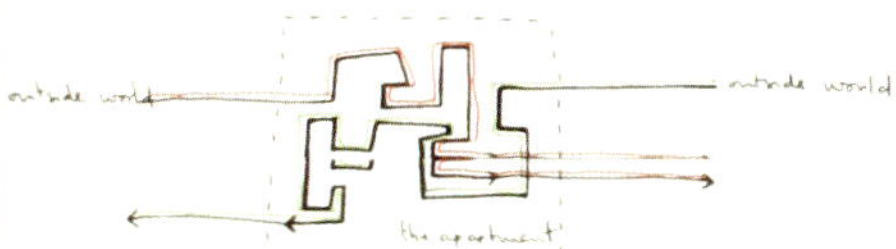

1 STRUCTURE + 2 PEOPLE = RESIDENTIAL SPACE

This project discusses the coexistence of three sets of energies in one space. Travelling and movement are the central themes. The clients are *priviledged nomads* and their conception of what a house should feel like, is equally transient.

The brother and sister share this apartment and each occupy it alternately throughout the year, and in doing so, make the best use of this costly and beautifully located apartment in central London.

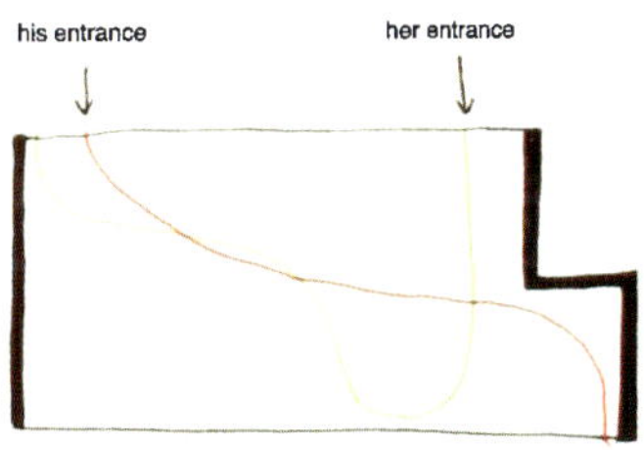

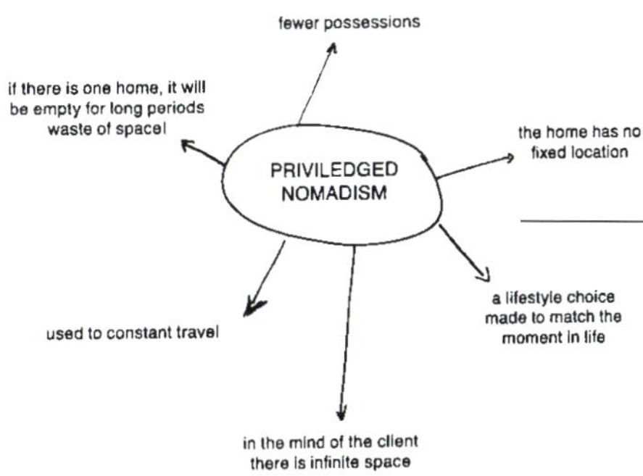

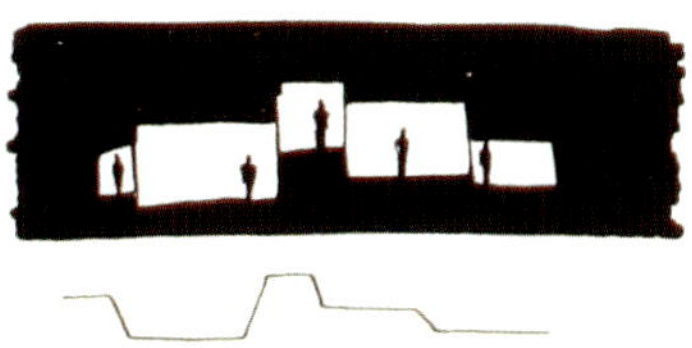

NOTE E DIAGRAMMI

Nel blocco degli schizzi fate un elenco degli elementi osservati usando i suggerimenti della lista di controllo di pagina 13 e inserite fotografie che illustrino il testo. A questo punto della ricerca dovreste ormai aver raccolto fotografie, schizzi, diagrammi e annotazioni.

I diagrammi a ragno sono usati per il brainstorming delle idee iniziali. Diagrammi differenti possono essere usati per esplorare temi diversi, sia architettonici che sociali o culturali.

Vedi anche

Unità 08: **Sopralluogo e disegno a mano libera** (pagina 44)

Unità 02: Realizzare un album di schizzi

OBIETTIVI
- Imparare a trasformare le idee in schizzi
- Imparare a sviluppare la ricerca per fasi
- Imparare a confrontare le diverse informazioni

L'album degli schizzi è un diario unico e personale ma anche un prezioso archivio dove riporre le vostre idee e i percorsi mentali che hanno condotto a esse. Vi indica come state lavorando e vi permette di annotare fondamentali influenze e punti di riferimento osservati nella fase di elaborazione delle idee. In questa unità scoprirete l'importanza di usare l'album degli schizzi, non come strumento formale di presentazione, ma come diario di lavoro essenziale per portare avanti il vostro studio.

Gli album di schizzi sono essenziali per elaborare le idee. Contengono i vostri primi pensieri, permettono di valutare ogni possibilità quando vi vengono fornite delle indicazioni e aiutano a elaborare progetti e ad annotare quello che vi stimola. L'album di schizzi è un diario personale dei passi fatti. Le idee sono il punto di partenza, ma possono essere usate in qualunque fase del processo. Non esistono regole per creare un album di schizzi valido e nulla è "giusto" o "sbagliato". Evitate di essere troppo critici all'inizio e lasciate che le idee fluiscano liberamente. Vi stupirà quello che imparerete se non vi preoccuperete troppo di sbagliare.

USARE UN ALBUM DI SCHIZZI

Il vostro album di schizzi deve essere usato in modo pratico per testare le idee, per capire processi e metodi, per registrare e archiviare dati di ricerca e per prendere decisioni relative al processo di progettazione. Raccogliete immagini di riferimento, articoli, studi analitici e fotografie. Registrateli e inseriteli nell'album in ordine cronologico per poter definire un metodo di lavoro. Abituatevi a fare delle note; questo vi aiuterà a relazionarvi ai vostri punti di riferimento. Una volta che le idee hanno assunto una forma mediante la ricerca, il lavoro procederà in modo più concreto e lungimirante.

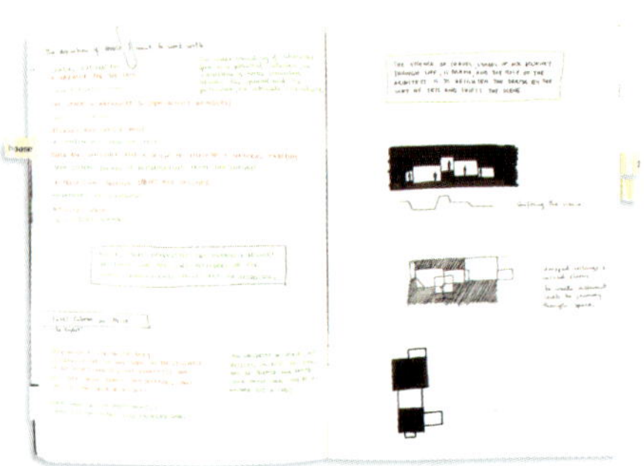

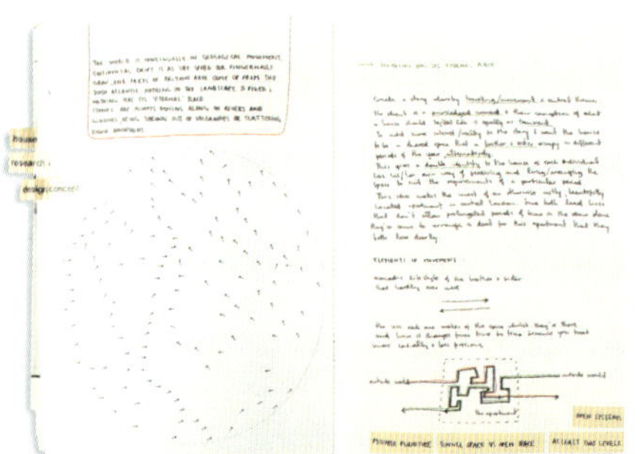

COME FARE GLI SCHIZZI
Variate i metodi in modo da massimizzare l'efficacia del vostro album di schizzi. Osate di più senza trattenervi troppo, un album di schizzi è un lavoro in continua evoluzione, non un prodotto finito.

ALBUM DI SCHIZZI COME ARCHIVI
Con un album di schizzi potrete confrontare i riferimenti e le immagini raccolte nel corso della ricerca. Questo vi aiuterà ad archiviare le principali idee, a definire i processi del design e a sviluppare il vostro progetto.

DIAGRAMMI E SCHIZZI DEGLI SPAZI

Continuare a disegnare e a fare schizzi vi aiuterà a sviluppare le idee di design iniziali in risposta al compito assegnatovi o a una discussione in merito. Nel primo caso, riesaminate le vostre idee servendovi di diagrammi. Questi possono essere efficaci per far nascere nuove idee e forniscono una buona base per l'abbozzo dei modelli.

RIFERIMENTI

Registrate con cura i vostri riferimenti, aggiungendovi appunti personali. Potreste sviluppare le idee attorno a un riferimento particolare. L'utilizzo di un modello o di una strategia è un metodo efficace di risolvere un problema di design o questioni attinenti.

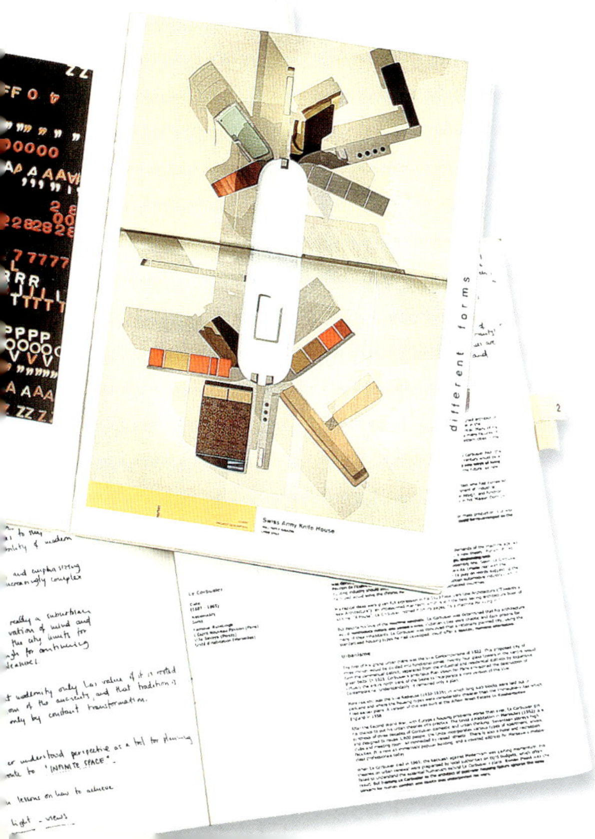

ILLUSTRAZIONI

Lavorare molto con le immagini stimola le idee. Rappresentare fin dall'inizio uno stato d'animo o un'atmosfera può aiutarvi a prendere decisioni nel corso del progetto. Usate immagini trovate o create dei collage per valutare una serie di correlazioni. Mantenete in esercizio la vostra creatività e stimolatela con esempi visivi delle qualità che intendete comunicare.

FOCALIZZAZIONE SULLE CARATTERISTICHE ARCHITETTONICHE
Esplorate e sviluppate idee d'interesse architettonico. Caratteristiche forti all'interno di uno spazio forniscono un buon punto di partenza per le direttive di lavoro.

CRITERI DI DESIGN

In breve tempo vi ritroverete con una serie di criteri di design che costituiscono idee e qualità importanti, essenziali nei processi di progettazione. Cercate di enfatizzarli quando prendete decisioni relative al vostro progetto. Essi vi aiuteranno ad assegnare la giusta priorità alle idee e a non seguire il percorso sbagliato.

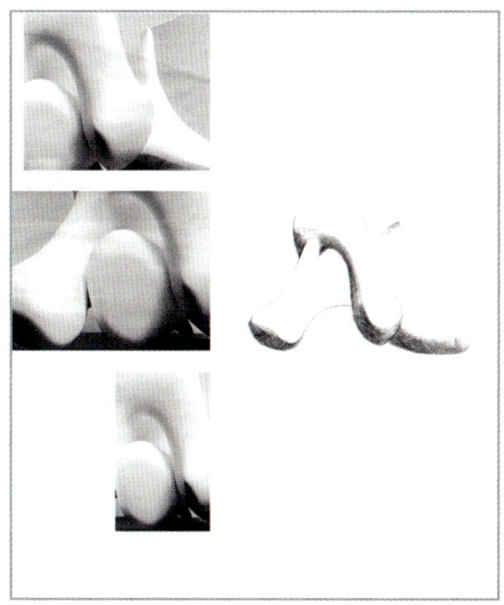

ISPIRAZIONE ESTETICA
Le immagini di sculture possono ispirare e dare forma a principi ergonomici e creare un'estetica formale per le idee del design.

INCIDENTI DI PERCORSO

Procedere per tentativi è il modo migliore di trovare le risposte. Non scoraggiatevi se commettete degli errori, si può essere creativi solo accettando di correre dei rischi. Una fortunata scoperta o un imprevisto favorevole dimostrano che i problemi a volte sono nostri alleati.

I COLLAGE

Stratificate le immagini e create dei collage per enfatizzare le idee del progetto. I collage sono un ottimo sistema per esplorare texture e colori abbinati a idee e immagini.

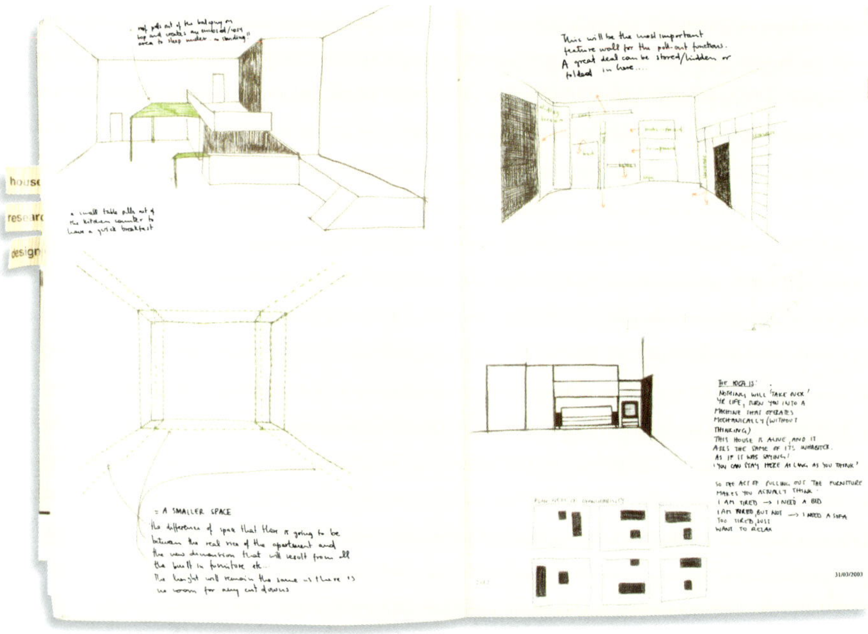

LE PROSPETTIVE

I disegni prospettici tracciati velocemente sono importanti per visualizzare tridimensionalmente lo spazio, considerare visuali differenti e testare le idee prima di realizzare il modello.

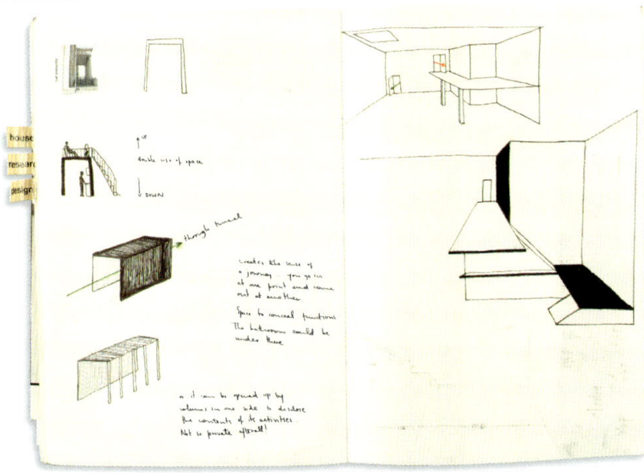

IL PROGETTO

Completate la ricerca prodotta nell'unità 01, includendovi fotografie, disegni e note. Ora siete pronti a esaminare la vostra ricerca sul sito e gli studi fatti sugli edifici per inserire anche questi nell'album degli schizzi.

Il processo

La ricerca ha lo scopo di introdurvi nelle fasi iniziali della progettazione. Studiando il design di un edificio, lavorerete ora a ritroso per scovare l'essenza dell'idea o del concept. Ora che disponete di materiale a sufficienza, potete cominciare a divertirvi.

FASE 1

Scegliete i disegni e gli schizzi che vi sembrano più significativi per la ricerca compiuta sul posto. Considerate la composizione dei rapporti che avete osservato esaminando i punti di contatto: valutate i modi in cui i materiali s'incontrano e come elementi strutturali, quali finestre, porte e scale, sono organizzati. Fotocopiate i disegni e ingranditene i dettagli. Questi frammenti possono avere già in sé l'idea che cercate.

FASE 2

Ora scomponete il tutto riducendo la geometria ai suoi elementi minimi, eliminando gli strati gradualmente fino a rimanere con poche linee o piani. Combinate dettagli e frammenti in modo da creare nuovi disegni. Usate nello stesso modo le fotografie e disegnateci sopra in modo da estrarne le idee. Ingrandite i disegni e i collage per farne emergere materiali, texture e colori. Usate con coraggio le idee e cercate di utilizzare tutti i materiali possibili per definire aspetto, forma e texture.

GIOCARE CON LE IDEE
Una facciata di finestre viene scomposta in una serie di ardite geometrie spaziali. Ogni distorsione è esplorata con disegni (fila in alto), diagrammi (fila centrale) e modelli (fila in basso).

Unità 03: Realizzare un modello

OBIETTIVI
- Imparare a modellare un'idea nello spazio
- Usare diversi materiali
- Usare una serie di strumenti di modellatura

Se date forma alle vostre idee, potrete anche vedere realmente come evolve il vostro schema progettuale. Materiali, luci e texture traducono istantaneamente in realtà le idee e danno l'opportunità di esplorare e riflettere su elementi di design fondamentali. I modelli permettono concretamente di essere espressivi, creativi e originali. Usando tecniche semplici, strumenti basilari e materiali economici, potete ricreare un'idea spaziale in scala e verificare che effetto farebbe il suo interno. In questa unità vengono illustrate le capacità basilari per la creazione di modelli per aiutarvi a visualizzare un'idea nello spazio che dovrà occupare.

Lavorare con i modelli vi fornirà informazioni sulle proprietà dei materiali. I materiali previsti dal vostro progetto potranno essere rigidi o malleabili e le forme curve o angolari, riuscirete comunque a trovare il modo di mettere in pratica le vostre idee. Con la realizzazione di modelli sarà più facile raggiungere il risultato desiderato, centrando l'idea di base sulla scelta del materiale da utilizzare. In questa fase, finiture perfette e aspetto realistico non sono importanti: quel che più conta è usare il modello come uno strumento per scoprire tutto ciò che è possibile e comprendere come sviluppare l'idea nello spazio. I modelli, per loro natura, sono elastici e ambigui, tanto da permettere di verificare idee, sperimentare l'uso di materiali differenti ed esplorarne le possibilità.

STRUMENTI ESSENZIALI
Gli strumenti di base per costruire dei modelli sono il sottomano per cutter, il cutter e il cutter di alta precisione. Tenete sempre una scorta di lame per sostituire quelle rovinate dall'usura.

ATTREZZATURA

Prima di passare alla realizzazione di un modello, dovrete procurarvi l'attrezzatura adatta. Capire come usare i vari strumenti vi aiuterà a realizzare efficacemente i modelli usando le cautele del caso ed evitando di ferirvi.

Cutter

Per tagliare materiali resistenti vi servirà un cutter. Questo attrezzo presenta una robusta impugnatura metallica e permette di tagliare materiali spessi o particolarmente duri. Usate la lama normale per tagliare cartone, cartone multicellulare, compensato e fogli metallici. Con una lama speciale in plastica potete incidere e successivamente tagliare i fogli di materiale acrilico e plastico. Oltre a questo attrezzo, vi servirà un cutter di alta precisione, cioè uno strumento leggero e molto affilato che permette di eseguire tagli netti e precisi, ideale per le curve e i piccoli dettagli.

Sottomano per cutter

Il sottomano per cutter fornisce un'ottima base sulla quale appoggiare tutti i materiali da tagliare. Protegge la superficie del tavolo e contribuisce a rendere sicuro il taglio.

Righelli e squadre

Il righello d'acciaio è il principale strumento per eseguire tagli diritti. Prima dell'uso, è buona norma rivestirne la parte inferiore con nastro adesivo, in modo che non scivoli sotto la pressione delle dita durante il taglio. La squadra a T si usa per ottenere tagli ad angolo retto e per livellare i modelli nella fase di montaggio.

Colla e spilli

La colla base di alcol polivinilico (PVA) bianca viene usata per incollare i bordi della maggior parte delle carte e dei cartoni. È molto efficace perché, asciugandosi, è resistente e trasparente. Per incollare il legno usate la colla PVA o un adesivo per balsa, per l'acrilico un solvente specifico. La pistola per colla a caldo può essere utile per materiali difficili da incollare, come il metallo, anche se la pistola può sporcare ed è adatta solo per i modelli iniziali, non per una presentazione finale. La colla spray si usa per i modelli da costruire prima di essere tagliati, ma usatela in ambienti adeguatamente ventilati. Con spilli diritti potete assemblare i modelli in cartoncino o fissare le giunture mentre la colla fa presa.

Righelli e squadre sono strumenti che aiutano ad apportare aggiustamenti e ad allineare; colla e spilli servono nelle fasi di incollaggio e costruzione.

FRAMMENTI ARCHITETTONICI
Una serie di modelli sviluppa e realizza le idee attorno a un frammento architettonico. Inizialmente realizzati in vari pezzi, questi vengono poi assemblati nel modello definitivo. Schizzi e fotografie dei modelli sono presentati insieme per illustrare il processo di progettazione.

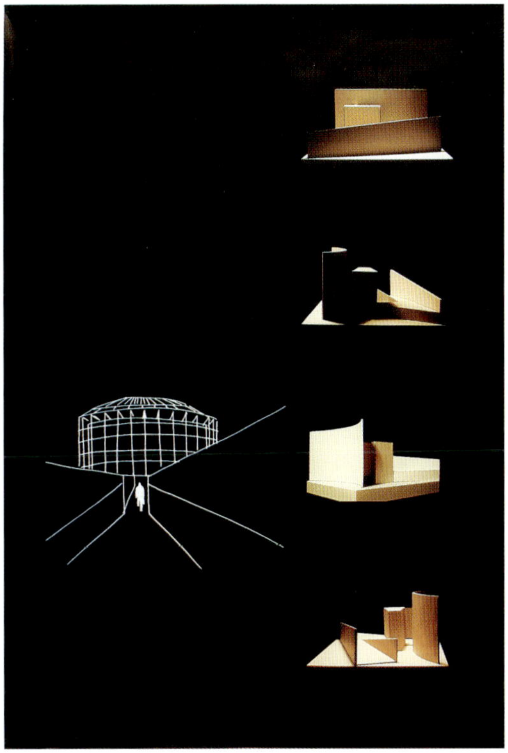

OSSERVAZIONE DEI MODELLI
Quattro fotografie mostrano differenti visuali del modello. Le immagini del modello riproducono i loro profili scultorei su uno sfondo nero rappresentando il movimento in ognuna di esse.

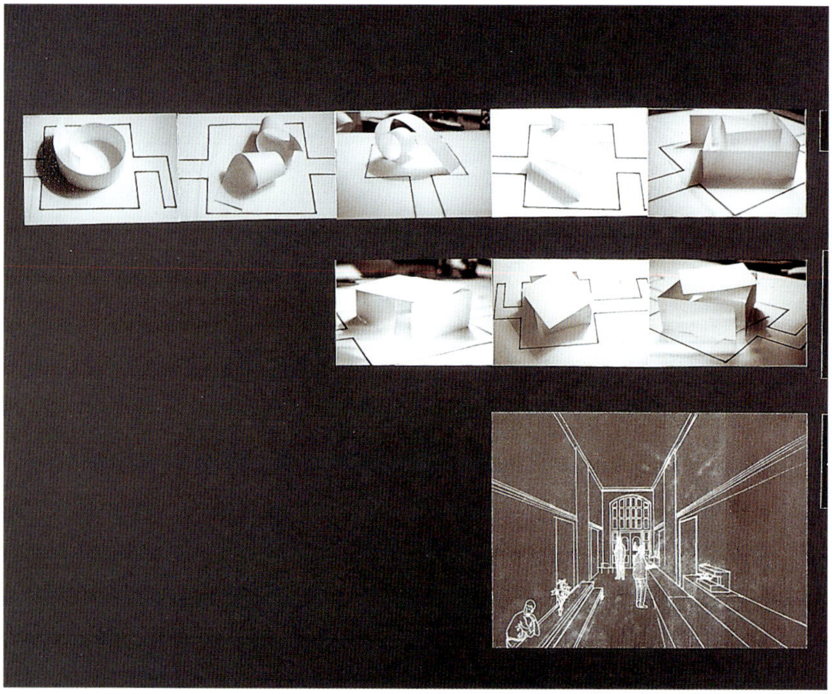

MOSTRARE IL PROCESSO
I modelli possono essere presentati in sequenza per mostrare le varie fasi del processo di sviluppo dell'idea **(a sinistra e sotto)**.

PRESENTARE IL MODELLO
Un disegno tridimensionale che mostra il progetto nel suo complesso viene presentato insieme alle fotografie del modello per trasmettere la sensazione dello spazio **(sotto)**.

MATERIALI
La maggior parte dei modelli si può realizzare con materiali semplici che vanno dalla carta al cartoncino, ma non limitatevi a questi. Sperimentate e spingete le vostre idee al limite, il processo di modellatura è un modo eccellente per comprendere le tecniche di base di costruzione.

MATERIALI DI BASE
Provate a fare rapidamente modelli tridimensionali con vari tipi di cartoncini o carta senza fissarne le parti con la colla.

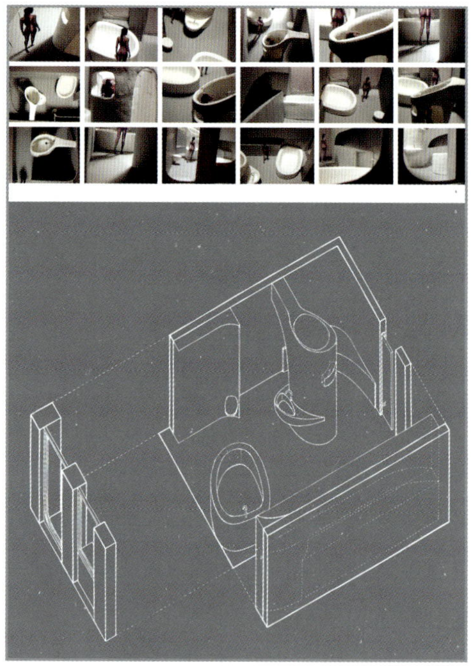

COSTRUIRE IL MODELLO
Fotografate il modello mentre lo costruite in modo da registrare le varie fasi sperimentali.

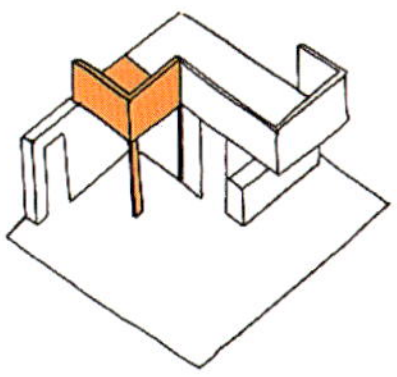

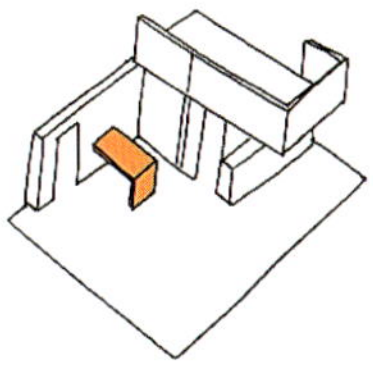

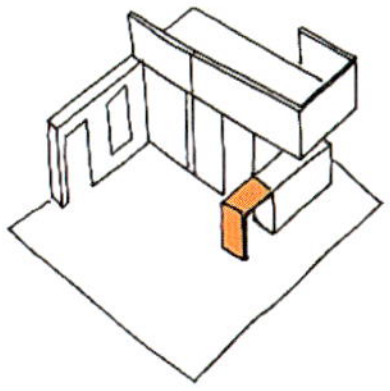

EVIDENZIARE LE CARATTERISTICHE
Colorare in maniera diversa alcuni elementi dello schizzo può evidenziare specifiche caratteristiche del modello sulle quali volete attirare l'attenzione.

IL PROGETTO

Usando il materiale prodotto nell'album degli schizzi seguendo l'Unità 02, scegliete un frammento architettonico dallo studio degli edifici. Esaminate questo particolare e decidete di quali materiali potrebbe essere fatto. Cercate di scegliere un materiale che richiami le proprietà e le qualità suggerite dal frammento. A destra, un'immagine di luce rifratta viene sviluppata nell'idea per un passaggio pedonale. I materiali utilizzati nel modello esplorano i contrasti tra superfici trasparenti e opache.

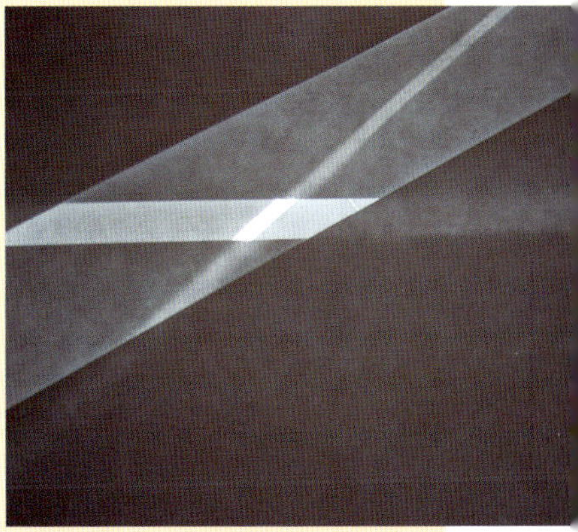

Il processo

Per realizzare la struttura potete utilizzare comune cartoncino, cartone multicellulare, filo metallico, carta da ricalco, fogli di metallo, acrilico o legno di balsa. Sperimentate tecniche diverse: attorcigliate, arrotolate, strappate, incidete o piegate il cartoncino per creare punti di unione e piani. Per punti di collegamento più definiti, usate la colla per fissare i materiali. Tenere conto della scala del disegno e cercate di rispettarla anche nelle proporzioni tra i vari materiali. Costruite una serie di tre o quattro modelli, ognuno dei quali esplora un frammento. Cercate di differenziarli provando varie opzioni, con materiali, colori, texture ed effetti contrastanti.

FASE 1

Scegliete il materiale che meglio si adatta alla vostra idea e valutate come impiegarlo per costruire il corpo principale del frammento. Cominciate realizzando una struttura semplice.

FASE 2

Ora applicate altri materiali e texture alla struttura realizzata. Possono essere elementi incollati, fissati come rivestimento o infilati nella struttura, in base al rapporto che volete esplorare e al dettaglio che desiderate rappresentare.

FASE 3

Analizzate il lavoro svolto. Il modello spaziale riflette chiaramente il frammento? Fate tesoro di quanto fatto finora rivedendo e aggiustando gli elementi che si possono migliorare.

Unità 04: Sviluppare un'idea

Vedi anche

Unità 01: Ricerca sul posto e studio degli edifici (pagina 12)
Unità 07: Convenzioni del disegno architettonico (pagina 40)
Unità 13: Creare una scheda di lavoro (pagina 70)

OBIETTIVI
- Imparare a cercare un'idea e a sviluppare una scheda concettuale
- Comprendere i criteri di design
- Esplorare i metodi per comunicare idee in due e tre dimensioni

Le prime fasi di qualunque progetto possono scoraggiare: con tante differenti possibilità e decisioni, come fare a scegliere un'idea? La prima importante fase del processo consiste nel servirsi di queste possibilità e trarre spunto dal processo stesso. È essenziale guardare sempre in ogni direzione, evitando di prendere una decisione definitiva in relazione al progetto. Quanto più materiale avrete tra cui scegliere, tanto più interessante sarà decidere. In questa unità imparerete a raccogliere le idee iniziali per poter sviluppare quindi una scheda concettuale.

FORME DI BASE
Un'immagine panoramica **(in alto)** fornisce l'ispirazione per l'idea iniziale. Essa viene riassunta in una serie di piani orizzontali e verticali **(sopra)** per esplorare geometrie spaziali.

TROVARE UN'IDEA

L'ispirazione non ha confini e può arrivare da molteplici fonti. Potete sviluppare le vostre idee a partire da un dipinto, da un testo scritto, da un oggetto, da un'immagine e persino da un ricordo. In questa fase, è opportuno mantenere aperto il processo e pensare nella maniera più creativa possibile. Questo significa lavorare rapidamente, essere intuitivi e registrare le risposte iniziali al compito assegnato. Il livello concettuale del progetto vi consente di esprimervi senza focalizzarvi sul singolo elemento o sui dettagli. È un modo più generale di agire, nel quale elaborate l'idea progettuale nel suo insieme per permettere a uno schema coesivo di emergere. A questo punto, il vostro compito consisterà nel raccogliere le informazioni, identificare gli interessi, produrre idee, eseguire la relativa ricerca e tenere in considerazione le indicazioni fornite.

SVILUPPARE L'IDEA

Una volta stabilita un'area d'interesse, concentratevi su idee specifiche. Questa seconda fase vi permette di spostare l'analisi dal tutto alle sue parti. Confrontate i riferimenti visivi e prendete annotazioni. Documentate il processo in un album di schizzi, un libro di riferimento prezioso, che può aiutarvi in seguito nelle fasi di sviluppo del progetto. Analizzate quello che avete: quali sono le questioni da affrontare, i valori, le qualità e gli elementi? Sono fisici, concettuali, spaziali o storici?

Queste idee possono essere verificate in una serie di modelli iniziali. Ricordate che questi non devono essere funzionali: i modelli dovrebbero esprimere un'idea all'interno dello spazio. Possono essere paragonati a diagrammi spaziali, che spostano l'idea dallo spazio bidimensionale. In questa fase dovreste impegnarvi nel mettere in discussione e nello scomporre le idee, nello sviluppare risposte al compito assegnato, nel mettere alla prova le idee con modelli spaziali, nel considerare importanti criteri di design e nel valutare ulteriori possibilità.

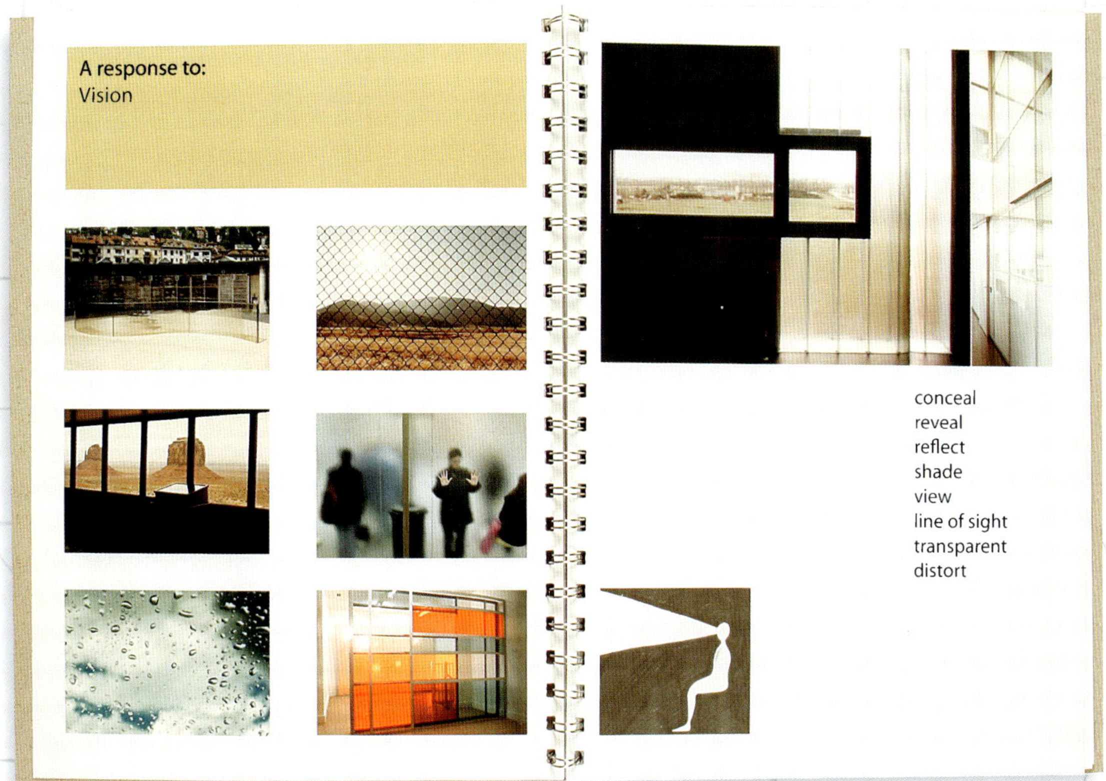

ESPLORARE IL CONTESTO
Studiate visuali e vedute prospettiche per sviluppare ed esplorare il rapporto tra utente e ambiente.

TESTARE LE POSSIBILITÀ
Fornite una serie di diagrammi di pianificazione prima di scegliere lo schema finale.

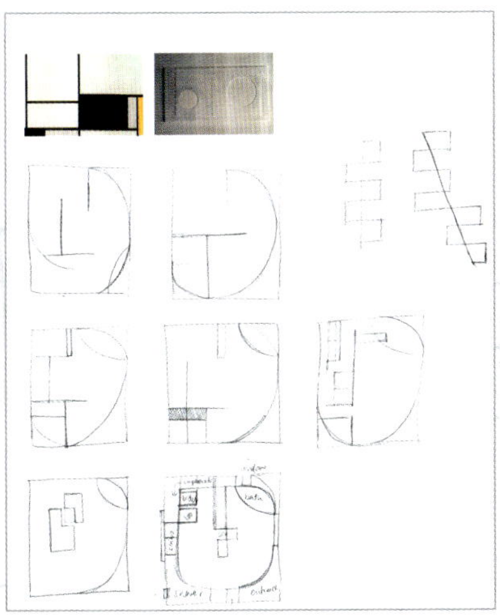

CONSIDERARE I DETTAGLI
Immagini di sculture e installazioni sono validi riferimenti che descrivono le qualità dei materiali oltre che le narrazioni spaziali.

REALIZZARE UNA SCHEDA

Una volta che disponete di un album degli schizzi e di un modello, siete pronti per presentare la prima fase del progetto al cliente. È opportuno che la presentazione sia di livello professionale, con un lavoro preciso e vivace e modelli adeguatamente tenuti. Le schede concettuali sono un modo eccellente per trasmettere il livello generale dell'idea e introdurre alcune proposte di design. Potete anche riunire schizzi, fotografie e ricerca sul posto in un raccoglitore ad anelli insieme alla vostra proposta di design. In questa fase siete pronti a prendere decisioni relative al progetto, anche se non definitive e aperte a ulteriori sviluppi e a modifiche nelle fasi successive. Il vostro impegno deve consistere nel raccogliere le idee per la presentazione, mostrare le iniziali decisioni progettuali e fornire una prima proposta di design illustrandone i punti salienti in una scheda concettuale.

IL PROGETTO

Scegliete cinque parole. Assicuratevi che siano parole che considerate sufficientemente interessanti per lavorarci sopra. Cercate i loro reali significati nel vocabolario e teneteli insieme al book del progetto. Potreste trovare utile usare questi termini nella fase di brainstorming. Scoprite quali altri idee possono suggerirvi e, in particolare, concentratevi sulle qualità che suggeriscono.

Il processo

Raccogliete immagini che rappresentino queste parole. Potreste doverle suddividere per categorie in immagini specifiche o astratte, architettoniche o ambientali, illustrative o di riferimento. Scomponete queste immagini selezionando le idee specifiche che desiderate esaminare e usatele come risorsa per sviluppare i modelli. Create una scheda concettuale nel formato C o nell'A2 internazionale usando le immagini abbinate alle parole scelte.

SCHEDE CONCETTUALI
Qui accanto una griglia di immagini astratte e di parole sono contrapposte per creare narrazioni immediate per l'osservatore.

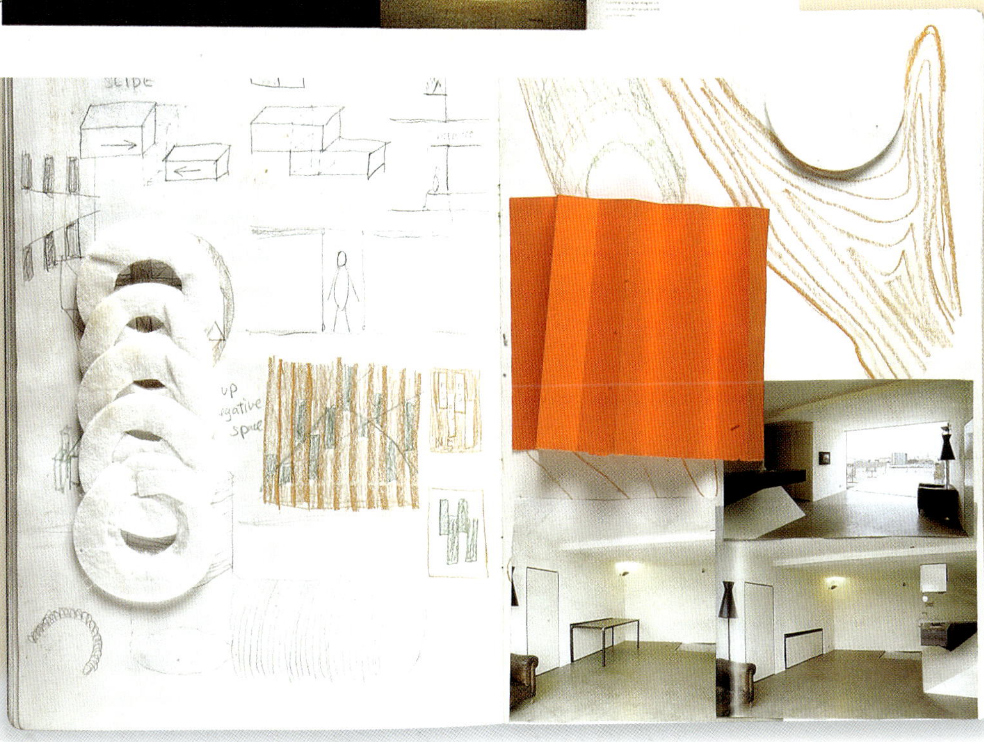

FASE 1

Cominciate con una sessione di brainstorming, rispondendo rapidamente e intuitivamente a qualsiasi associazione di idee che le parole scelte vi suggeriscono. Si tratterà di qualità ovvie e di altre meno scontate non immediatamente percepibili. Registrate il tutto in un semplice e visuale diagramma a ragno che mostri come parole e idee sono in relazione e collegate tra loro.

FASE 2

Definite queste parole con immagini specifiche, cercando di comunicarle e rappresentarle visivamente. Includete qualsiasi altra parola emersa dall'esercizio di brainstorming che ritenete importante per ampliare e dare consistenza alle idee iniziali.

FASE 3

Affiancate le parole e le immagini definitivamente scelte sulla vostra scheda concettuale. Considerate i collegamenti tra immagini e testo più adatti a rendere efficace la presentazione. Verificate la disposizione delle immagini prima di fissarle con la colla. Una volta soddisfatti della composizione, usate della colla spray per montare tutto il materiale e terminare così la scheda.

FASE 4

Sottoponete la scheda a un amico o a un collega per vedere la sua reazione. Questo è un esercizio importante perché vi permette di valutare l'efficacia del vostro lavoro. Siate sempre pronti ad accogliere critiche costruttive: sono una parte essenziale nello sviluppo della vostra attività.

STUDIO ANALITICO 01: Un ristorante moderno

L'INCARICO
Riprogettare uno spazio già esistente per accogliere un moderno ristorante italiano con 48 coperti.
Budget: medio-alto. Il cliente ha sottolineato che il fattore più importante è il cibo, tutto il resto è secondario.
Design: ARTEC.

Gli interior designer sono spesso chiamati per modificare e migliorare spazi preesistenti, od organizzando quello che già c'è o fornendo programmi e funzioni completamente nuovi per lo spazio. Il caso che segue illustra un'idea e una proposta per un ristorante situato in un affollato ambiente metropolitano. Di fronte a un guscio vuoto, il team di progettazione deve creare uno schema completo che definisca la funzione dell'edificio e crei un ambiente adatto per pranzi e cene consumati in relax.

FASE 1 Brainstorming

Nella riunione preliminare il team di design è riuscito a trarre spunto dalla passione del committente per l'alimentazione e a produrre così le prime idee. L'approccio al compito assegnato è stato mantenuto semplice. I piatti del menu sono stati fonte di ispirazione e hanno suggerito le qualità dell'ambiente in questione. Traducendo queste qualità in parole, il team ha saputo trovare idee e immagini per un arredamento d'interni centrato sul tema di un "rustico moderno".

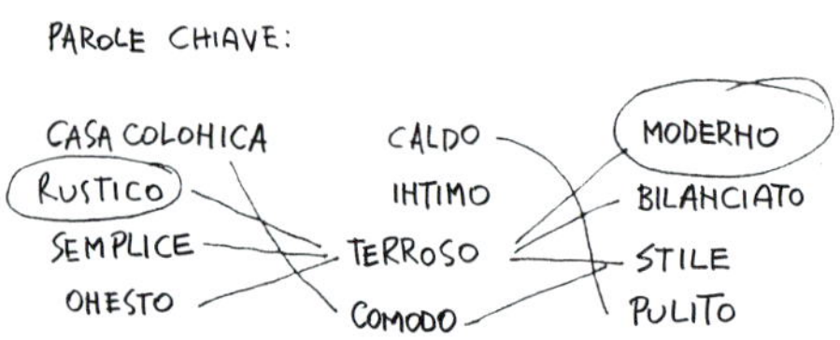

DAL CONCETTO ALLA SUA FORMULAZIONE
Partendo da un "concept" semplice, i designer hanno usato il brainstorming per aiutarsi a trovare idee e immagini per l'interior design.

FASE 2 Comunicare l'idea

I designer hanno raccolto le immagini rappresentative delle parole chiave e hanno presentato al committente una scheda concettuale utile per visualizzare il possibile aspetto dello spazio suggerendo materiali, collegamenti fisici, qualità dell'ambiente. Una considerazione chiave è stata che l'interno doveva essere complementare al cibo, in modo da non primeggiare su di esso. Questo significa ottenere sottili contrasti materici utilizzando materiali naturali come l'ardesia e la pietra per le aree di transito e il legno per quelle riservate alla consumazione dei cibi. L'interno può essere ulteriormente controllato mediante il ricorso all'illuminazione ambientale.

SCHEDA CONCETTUALE
Le immagini possono essere specifiche o astratte, architettoniche o ambientali. Per evocare la sensazione dello schema, il designer ha riunito fotografie e immagini strappate da riviste e cataloghi.

La sovrapposizione di immagini e l'uso del colore evocano una sensazione di spazio, luce, texture e rilassata vita mediterranea.

Pur senza essere una scheda dei materiali, comprende fotografie di corpi illuminanti che potrebbero essere usati nel design finale.

L'illuminazione soffusa sarà una caratteristica rilevante dello schema e pertanto qui viene messa in risalto.

DISEGNO AL TRATTO
Un disegno al tratto **(a destra)** mostra i materiali differenti usati in un ambiente bagno.

SCHIZZO PROSPETTICO
Uno schizzo a mano libera realizzato rapidamente sul posto trasmette sinteticamente l'idea del layout, ma non comunica veramente atmosfera e dettagli.

CAMPIONI DI MATERIALI
Insieme ai disegni prospettici, permettono al committente di visualizzare l'aspetto reale dell'intervento.

VEDUTA TRIDIMENSIONALE
Questo disegno in scala **(a destra)** ritrae i dettagli reali di materiali, mobili e illuminazione e trasmette la sensazione generale dell'ambiente interno.

FASE 3 Schizzo preliminare

Disegni differenti possono aiutare a identificare le varie fasi del processo progettuale. Quelli a mano libera di solito sono usati all'inizio del progetto per una prima presentazione al committente. In questa fase il designer non viene retribuito e perciò lavora rapidamente per aggiudicarsi l'incarico.

Lo schizzo prospettico viene realizzato con uno stile sciolto ed energico che aiuta il committente a visualizzare il riscontro reale sul sito e il carattere delle idee iniziali. Anche se passibili di cambiamenti, queste idee forniscono un importante punto di partenza per discutere delle caratteristiche che la proposta di design dovrebbe avere.

FASE 4 Presentazione prospettica

La rappresentazione reale dello schema progettuale favorisce la conclusione dell'accordo con il committente. I clienti vogliono sapere che cosa otterranno e un disegno di presentazione riesce a trasmettere l'aspetto finale del progetto. Al contrario dello schizzo prospettico, questo, in scala, dà informazioni più precise sul progetto.

LAYOUT IN PIANTA
I disegni ottenuti con il computer forniscono una chiara rappresentazione in scala della pianta del ristorante.

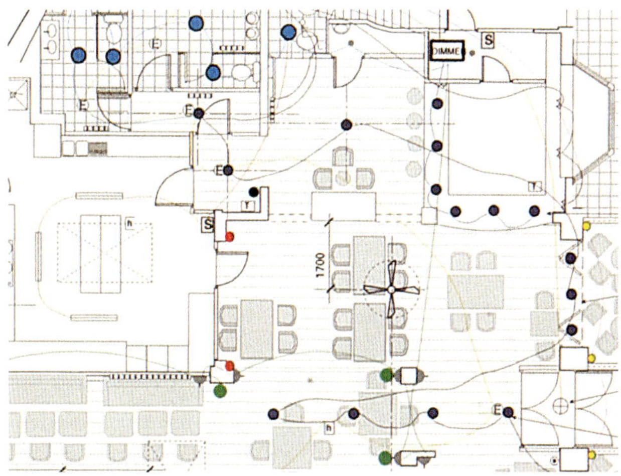

FASE 5 Pianta del piano

In qualunque progetto, la pianta del piano è il disegno più importante perché mostra la disposizione completa dello schema, compresa la posizione dei mobili, gli ingressi, le uscite, le fonti di luce e le zone di passaggio. Un ristorante è un ambiente funzionale e il design deve tenere conto di questi aspetti pratici.

Anche se sono ancora possibili piccole modifiche, a questo punto di solito committente e designer hanno raggiunto un accordo rispetto al progetto finale.

STUDIO ANALITICO 02: Dall'interno all'esterno

L'INCARICO
Creare un nuovo spazio in stile "ristorantino" con portefinestre che si aprono sul giardino.
Budget: ridotto. I committenti sono una coppia di professionisti che condividono l'interesse per l'arredo e l'architettura dei decenni 1930-40 e 1950-60.
Design: Fieldhouse Associates

Il designer deve considerare che spesso il passaggio dall'interno all'esterno è una soglia che può suscitare qualche emozione. È essenziale per ogni schema di design esplorare come il mondo esterno e quello interno vengono a contatto e pensare che lo spazio interno debba avere continuità con quello esterno e comprenderlo. In questo caso, l'importanza della vista del giardino domina il design di questo ampliamento e crea un nuovo spazio vitale in un'abitazione.

Il rivestimento in rame del tetto aggiunge una texture naturale fondendosi con piante e fogliame per ispirare il rilassamento all'esterno.

PROGETTARE CON STILE

Il design residenziale spesso trae ispirazione dai requisiti dello stile di vita e dagli interessi culturali del cliente. Il punto di partenza per l'ampliamento della cucina in questa casa con terrazza del XIX secolo è stato lo stile. I committenti desideravano evocare l'atmosfera di un "ristorantino" nella zona pranzo collegando quest'ultima e la cucina al giardino. Il designer è riuscito a utilizzare i riferimenti all'art déco per realizzare una struttura abbastanza dinamica. Usando una finestra curva con cornice in acciaio, si è creata una struttura avvolgente che costituisce la base della zona interna dove ci si siede a tavola, mantenendo l'esterno in sintonia con le piante esistenti.

COSTRUZIONE DEL DESIGN

Questo microedificio presenta un tetto in rame marrone che l'azione degli agenti atmosferici trasformerà, in una patina verdastra: il tetto diviene un altro elemento naturale all'interno del giardino, echeggiandone la ricca e selvaggia vegetazione.

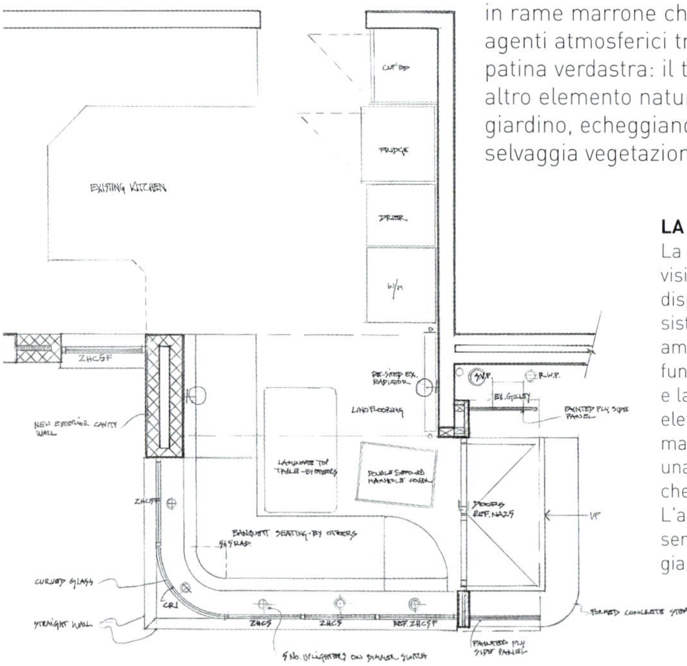

LA PIANTA
La pianta fornisce una visione complessiva della disposizione e della sistemazione del nuovo ampliamento. Le aree funzionali, come la cucina, e la posizione degli elettrodomestici sono mantenute separate con una buona pianificazione che facilita il movimento. L'area relax, libera da servizi, si affaccia sul giardino.

Da vicino, la curva del bovindo rivela moltissimi dettagli di design che contribuiscono ad abbellire la struttura avvolgente.

La massima luminosità collega il giardino allo spazio interno facendo di luce e vista le caratteristiche principali dell'ambiente.

La panca su misura raccoglie riferimenti allo stile dell'art déco con l'uso della pelle di colore tenue e la forma curva e dinamica.

ARREDO INTERNO

Il ricorso a linee curve pulite e a colori tenui fa continuare il linguaggio dell'esterno all'interno. La panca realizzata su misura descrive la forma curva del bovindo e utilizza il design per massimizzare lo spazio destinato ai pasti. I materiali giocano un ruolo importante, con il confortevole rivestimento in morbida pelle e i dettagli di alluminio che creano contrasto e accentuano la luminosità.

2 La realizzazione del progetto

La realizzazione del progetto procede con l'introduzione a tecniche di disegno a mano libera e in assonometria. Questo capitolo indica come registrare le informazioni raccolte nel sopralluogo iniziale e a sviluppare un disegno a mano libera della pianta con le caratteristiche tecniche, una sezione e una vista tridimensionale dell'interno. Le tecniche e i principi del disegno qui presentati vi forniranno le abilità necessarie per progredire nello sviluppo di uno schema progettuale.

Le abilità descritte comprendono matematica di base, scala, proporzione, disegno tecnico, presentazione e capacità di comunicazione.

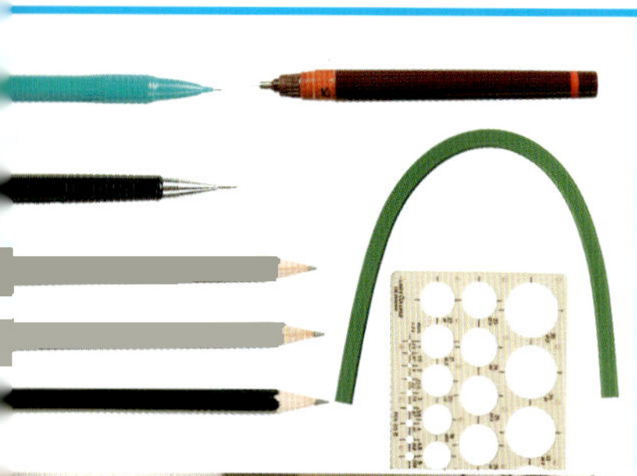

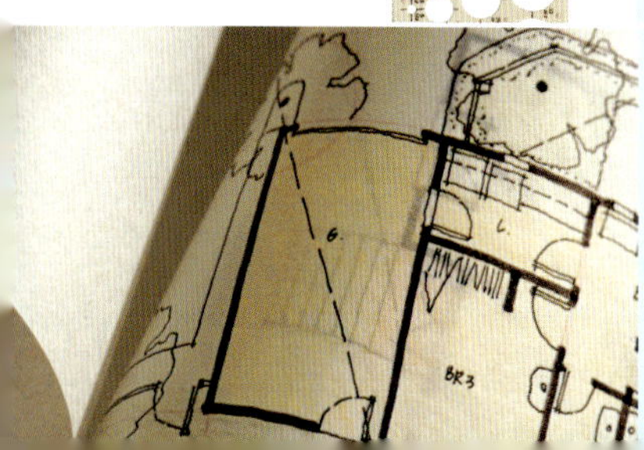

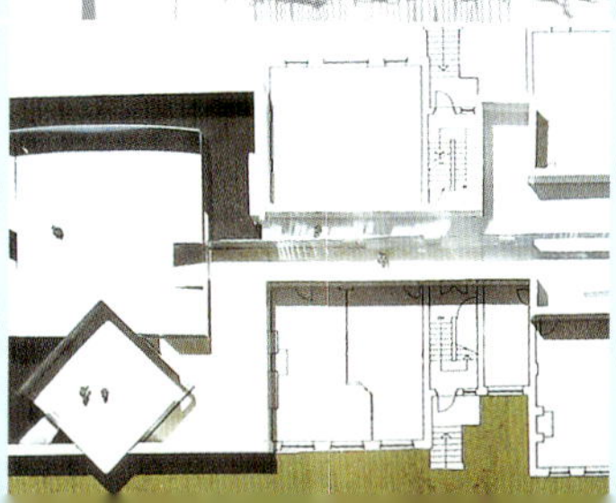

Unità 05: Materiali da disegno

OBIETTIVI
- Presentare la varietà dei materiali da disegno
- Introdurre una serie di tecniche grafiche
- Sviluppare la comprensione dei disegni di progetto

Un'opportuna scelta di strumenti da disegno vi consentirà di comunicare le finezze del vostro progetto. Oltre a esercitare e sviluppare uno stile di disegno personale, dovete imparare a capire quando e dove usare efficacemente una particolare tecnica grafica. Questa unità presenta i materiali da disegno che vi metteranno in grado di realizzare disegni di qualità.

Matita portamina

Portamina a scatto

Gli strumenti da disegno vengono utilizzati per realizzare un disegno progettuale e comunicare l'idea su cui si basa. Sia che disegnate a matita o a penna, dovrete usare più tecniche per rappresentare una varietà di materiali morbidi o duri e di forme geometriche o semplicemente per indicare il colmo di un tetto o la pendenza di una scala. Il primo passo consiste nel riunire tutta l'attrezzatura che vi servirà al fine di esercitarvi sulle tecniche di disegno.

Carta

CARTA

La carta per ufficio è usata per fare schizzi, piani, layout e annotazioni. Rappresenta un'alternativa relativamente economica alla carta lucida e fornisce una buona trasparenza per sovrapporre i disegni. La carta lucida è costosa ed è preferibile usarla per i disegni della presentazione finale. La qualità della carta lucida varia a seconda del peso, da quella di alta qualità (190 g) a quella di buona qualità per ogni tipo d'impiego (120 g).

MATITE CON MINA IN GRAFITE

Matite in legno con mina in grafite

Una normale matita in legno con mina in grafite generalmente va bene per schizzi, disegni a mano libera o layout di progetti. Potete appuntirla con un temperamatite, ma con la lametta si ottiene una qualità di linea migliore. Le matite in legno con mina in grafite variano di peso per fornire differenti gradi di durezza. Usate le 4H o 2H per avere maggiore controllo nel tracciare righe da dure a mediamente dure. Una matita adatta a tutti gli scopi è una F o una H, usata per realizzare dettagli, layout precisi e per i titoli, mentre una matita morbida, come la HB, permette di tracciare righe marcate ma richiede un maggior controllo e la mina può sbavare.

MATITA PORTAMINE

L'impiego di queste matite richiede maggiore capacità ed esperienza perché esse permettono di tracciare tratti più o meno intensi. Assicuratevi sempre che la mina sia affilata in modo da avere una lunga punta conica. Esercitatevi nell'uso ruotando la matita mentre tracciate le righe per ottenere un tratto di qualità. Tracciate sempre la riga dal basso verso l'alto o da sinistra a destra senza premere la matita perché una pressione eccessiva può spezzare la mina o rovinare la pagina.

PORTAMINA A SCATTO

Queste matite sono progettate per produrre righe di spessore costante – per esempio, di 0,5 mm – e perciò non necessitano di essere appuntite. Per tratti marcati e intensi potete ricalcare la riga o usare alternativamente mine da 0,3 mm, 0,7 mm e 0,9 mm per variare l'intensità del tratto. Il portamina a scatto è la matita più facile da usare perché fornisce un maggiore controllo rispetto alle altre. Non farla cadere perché può rompersi con molta facilità.

Penne per disegno tecnico

PENNE PER DISEGNO TECNICO

Queste penne producono linee accurate e precise, chiare e definite. La parte più delicata è la punta tubolare in metallo, che regola il flusso dell'inchiostro. Come il portamine a scatto, le penne per il disegno tecnico hanno dimensioni differenti: 0,18 mm, 0,25 mm, 0,35 mm e 0,5 mm. È consigliabile usarle da sinistra a destra e dall'alto verso il basso, lasciando asciugare l'inchiostro. Conservate le punte rivolte verso l'alto.

TAVOLO DA DISEGNO

Tutti i disegni tecnici sono realizzati su un tavolo per ottenere una maggiore precisione: i vostri disegni presenteranno righe e angoli accuratamente tracciati. Il blocco del movimento parallelo si muove in su e in giù, consentendovi di mantenere tutte le linee orizzontali parallele. Pulite con regolarità la superficie del tavolo e il blocco del movimento parallelo con un panno morbido e un prodotto non aggressivo.

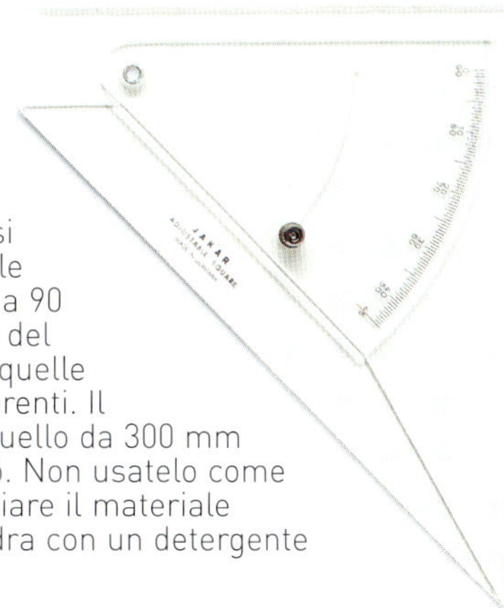

Squadra regolabile

SQUADRA REGOLABILE

La squadra regolabile si usa per tracciare tutte le righe verticali disposte a 90 gradi rispetto al blocco del movimento parallelo e quelle inclinate ad angoli differenti. Il modello più pratico è quello da 300 mm con un bordo smussato. Non usatelo come taglio per non danneggiare il materiale acrilico. Pulite la squadra con un detergente non aggressivo.

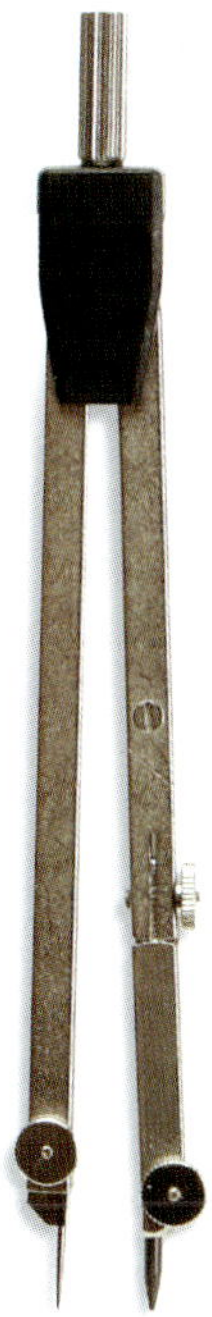

Compasso

CIRCOLIGRAFO E COMPASSO

Il circoligrafo è estremamente utile per tracciare cerchi da piccoli a medi o per disegnare archi e angoli arrotondati. Il compasso serve per disegnare cerchi di maggiori dimensioni ed è utile per il lavoro a inchiostro.

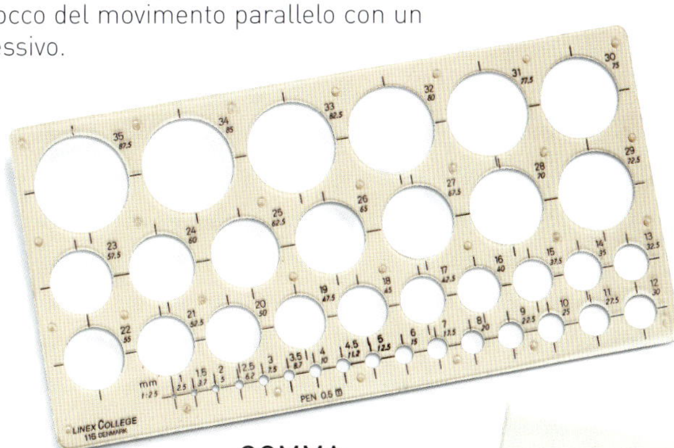

Circoligrafo

MASCHERA PER CANCELLATURE E PENNELLO PER PULIRE IL DISEGNO

L'uso di una mascherina permette di cancellare con precisione determinate aree del disegno e di proteggerne la superficie evitando di rovinarla o di sporcarla. Usate una gomma morbida e ricorrete a un pennello per tenere pulita la superficie del disegno.

Maschera per cancellature

GOMMA

Con le gomme si cancellano grafite e l'inchiostro. La gomma bianca si usa per cancellare la matita e quella pane per ripulire i disegni. Grandi aree inchiostrate si possono rimuovere con una gomma plastica e poi grattare con un raschietto.

Gomma

SCALIMETRO

Uno scalimetro consente di convertire le misure in varie scale. Le scale più comunemente usate sono 1:5, 1:10; 1:20, 1:50 e 1:100. Tutte le misure vanno indicate in millimetri e metri.

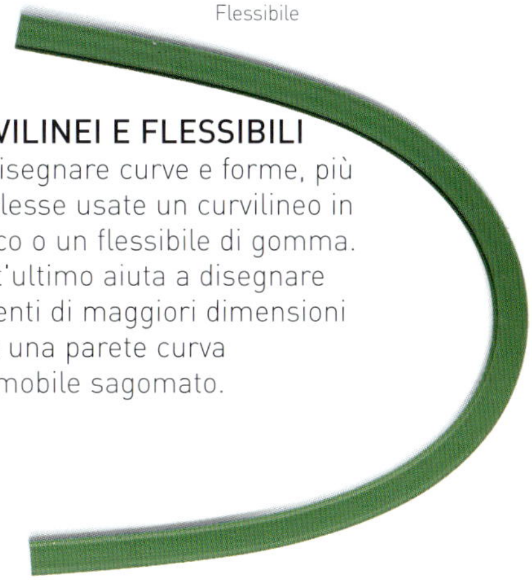

Flessibile

CURVILINEI E FLESSIBILI

Per disegnare curve e forme, più complesse usate un curvilineo in acrilico o un flessibile di gomma. Quest'ultimo aiuta a disegnare elementi di maggiori dimensioni come una parete curva o un mobile sagomato.

Curvilineo

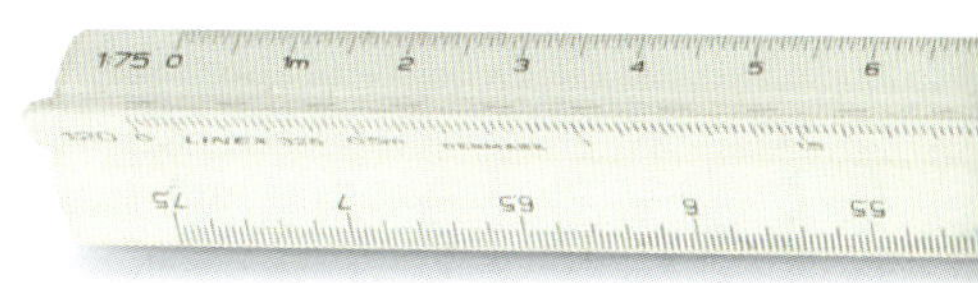

Scalimetro

Vedi anche
Unità 11: **Disegno assonometrico e prospettico** (pagina 54)

Unità 06: Dimensioni umane

OBIETTIVI
- Introdurre i principi di scala e proporzione
- Introdurre i principi dell'ergonomia
- Capire l'importanza dei dati progettuali

Il nostro senso estetico deriva dal corpo umano. La scala umana è il fattore più importante che influenza il design perché tutto quello che viene progettato risponde a un'esigenza e, pertanto, ha uno scopo o un'intenzione. Le nostre dimensioni corporee possono determinare il modo in cui percepiamo gli spazi interni e come a tale percezione reagiamo. Questa unità sottolinea l'importanza dei principi che governano le decisioni progettuali. Ergonomia, scala e proporzione sono fattori primari nello studio dell'architettura e dell'interior design.

SCALA

Misurare significa compiere un'attività di astrazione. Nella vita pratica raramente avvertiamo la necessità di confrontare altezza, lunghezza e profondità. Anche se non sappiamo che la distanza tra le mani a braccia aperte ai lati del corpo è circa uguale alla nostra altezza, associamo quest'ultima al predominio. Le grandi dimensioni o la grande scala di un interno, di un oggetto o di una persona possono intimidirci.
Il designer deve tenere conto delle sensazioni di disumanizzazione o timore che alcuni ambienti, come palazzi a più piani, grattacieli, centri commerciali e chiese potrebbero generare. Potrà perlomeno attutirle facendo sempre riferimento alla scala umana per trasmettere senso di potere e autorità. Il modo con cui percepiamo queste qualità dipende anche da come percepiamo l'appropriatezza di scala del contesto: piccola o grande che sia, deve essere giusta per noi. Il designer può rompere con le convenzioni e usare la scala per modificare il comportamento.

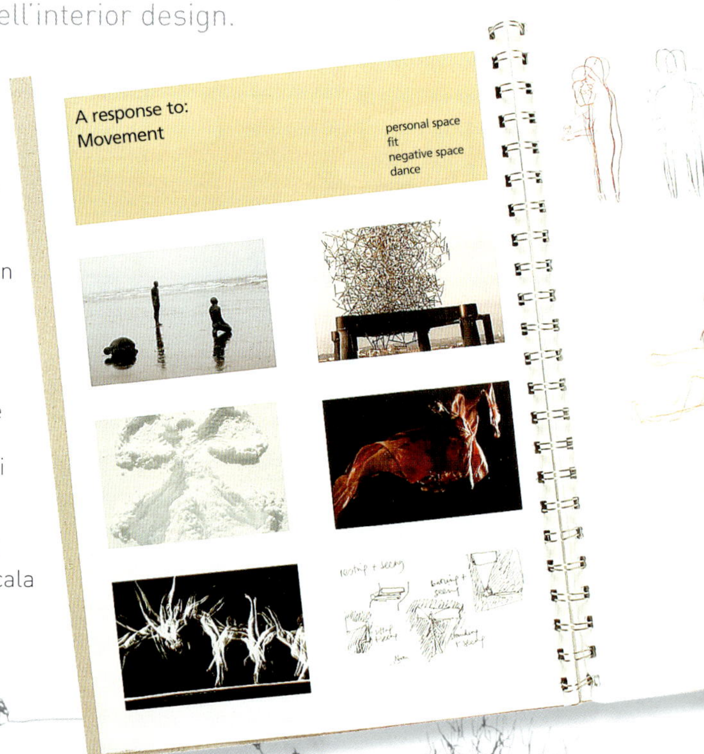

SCALA QUOTIDIANA
Tutto nell'ambiente ha la funzione di strumento per discernere la scala delle cose. Pali telefonici, lampioni, alberi, automobili, edifici e persone ci aiutano a comprendere dimensioni, grandezza e proporzioni.

GLI ESSERI UMANI IN UNO SPAZIO
Immagini non statiche **(sotto)** descrivono movimento e circolazione in uno spazio interno. È opportuno che nella progettazione di spazi funzionali le dimensioni tengano conto dei movimenti.

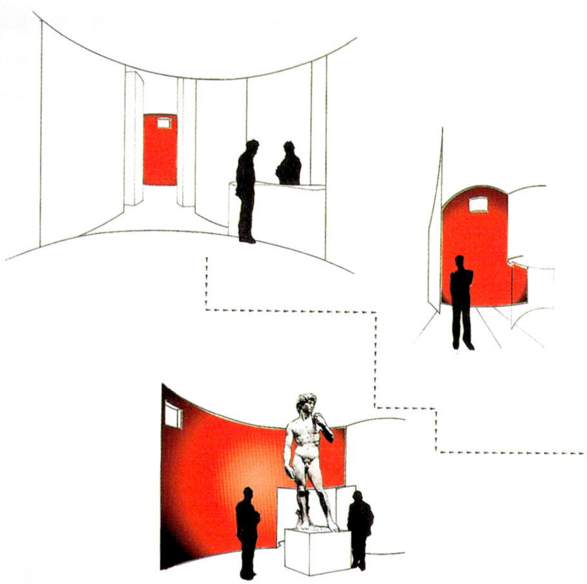

INTERNI ESPOSITIVI
Uno spazio espositivo è un interno pubblico progettato tenendo conto della scala e della variazione di distribuzione dei manufatti e degli spazi.
È importante che il visitatore possa vedere gli oggetti esposti sia da vicino che da lontano.

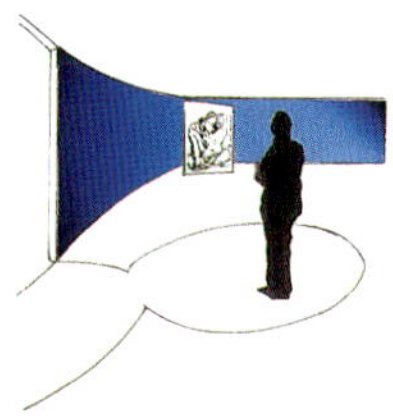

UTILIZZARE FIGURE
I disegni bidimensionali sono piatti per definizione ma possono avere un minimo di tridimensionalità con l'introduzione di sagome. Queste non solo descrivono scala e proporzioni ma conferiscono profondità all'insieme differenziando il primo piano dallo sfondo.

PROPORZIONE

Metodi matematici e geometrici hanno permesso ai designer di considerare le proporzioni ideali degli oggetti. Proporzionare gli oggetti non è solo una questione funzionale o tecnica, ma anche di armoniosità, di equilibrio e unitarietà. Un sistema ben proporzionato costituisce un insieme coerente di riferimenti visivi. Qui, la scala in sé non è importante; quello che conta è il rapporto fra le varie misure e proporzioni. La nostra esperienza delle cose non è mai un fatto a sé stante, ma vi contribuiscono un particolare colore,una texture, un materiale, una figura o una forma. La nostra percezione delle proporzioni è utile perché su di essa basiamo il gradimento o la critica della correlazione tra i vari aspetti fisici e materiali degli oggetti. Stabilire questi rapporti può comportare la creazione tanto di forti contrasti quanto la descrizione di collegamenti impercettibili.

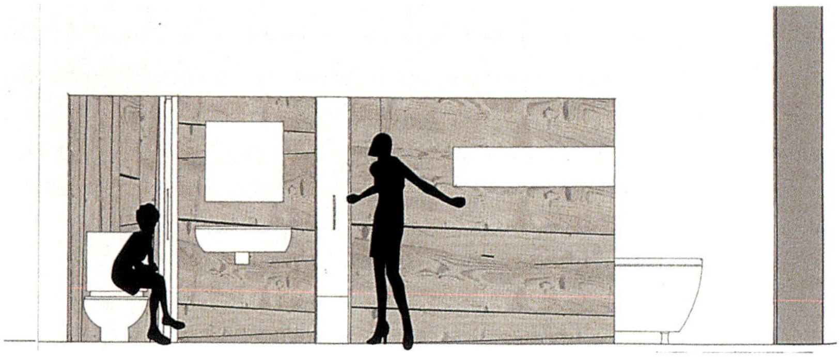

FIGURE IN SCALA
Le figure in scala rendono più reali i modelli. Una sagoma umana in un interno lo rende vivo.

DIMENSIONI UMANE

Il corpo umano può essere considerato una semplice struttura costituita da una serie di proporzioni di base. Lo si può suddividere in sette parti uguali, delle quali in proporzione la testa è un settimo dell'altezza totale. Gli occhi si trovano approssimativamente a 1500 mm di altezza, anche se questo valore varia da persona a persona. Se questo sistema di proporzioni viene applicato alla progettazione di uno spazio interno, migliora la comprensione di ciò che l'occhio vedrà o potrà immaginare.

Uno schema che dia importanza al livello degli occhi aiuta a metterci fisicamente in collegamento con l'ambiente circostante fornendoci delle viste particolari. Uno schema che controlla ciò che vediamo, d'altra parte, stimola la nostra curiosità incoraggiando l'aspettativa. Sia che siamo fermi, in piedi, seduti o in movimento, per ogni nostra attività è possibile progettare comfort e praticità.

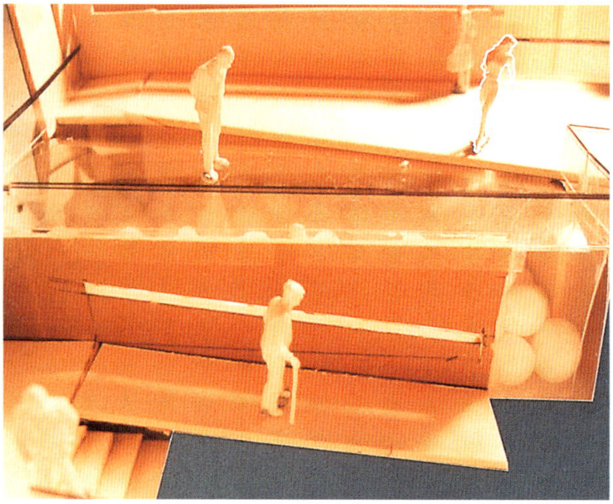

FIGURE NEL MODELLO
Le presentazioni possono tener conto delle dimensioni umane inserendo nel modello figure in scala.

IL PROGETTO

Per comprendere se un progetto d'interni è buono e creativo rivolgete l'attenzione a due oggetti ergonomici presenti nella casa o nell'ambiente di lavoro. Scegliete due oggetti che ritenete uno ben progettato, l'altro no.

Il processo

Chiarite dettagliatamente perché questi due oggetti rappresentano esempi di design buono o cattivo. Elencate le principali ragioni per cui ogni oggetto assolve o no alla sua funzione, indicate come potrebbe essere migliorato e le caratteristiche che dovrebbe o non dovrebbe avere. Sviluppate opinioni personali sulla validità o l'inefficienza del design: questo vi aiuterà a mettere in discussione i criteri di progettazione che adottate nel vostro lavoro.

ERGONOMIA

Se l'ergonomia di un oggetto è adeguata, favorisce la nostra presenza nell'ambiente. Ogni oggetto ha caratteristiche ergonomiche che favoriscono l'attività umana. Per qualunque oggetto che avrà impiego pratico, dai coltelli alle scale, il designer deve prevedere facilità d'uso, praticità e comfort, progettando in risposta a un'esigenza, a una funzione o a un compito.

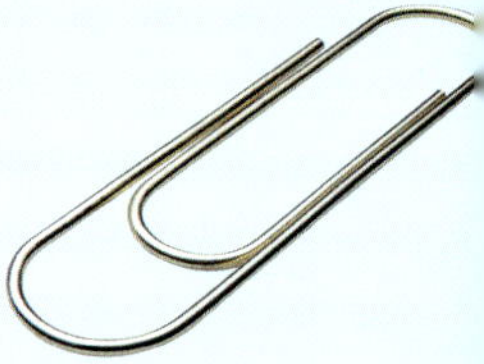

Il fermaglio ha un design semplice e funzionale. Del tutto ergonomico, tiene uniti i documenti rimanendo piatto.

I cappelli possono essere pratici, funzionali ed estetici. L'elmetto rigido è progettato specificamente come dispositivo di sicurezza personale in ambienti di lavoro come i cantieri.

Le scarpe possono essere realizzate in materiali più o meno morbidi per garantire durata, comfort e praticità.

Le montature degli occhiali possono avere un design ergonomico per adattarsi al viso.

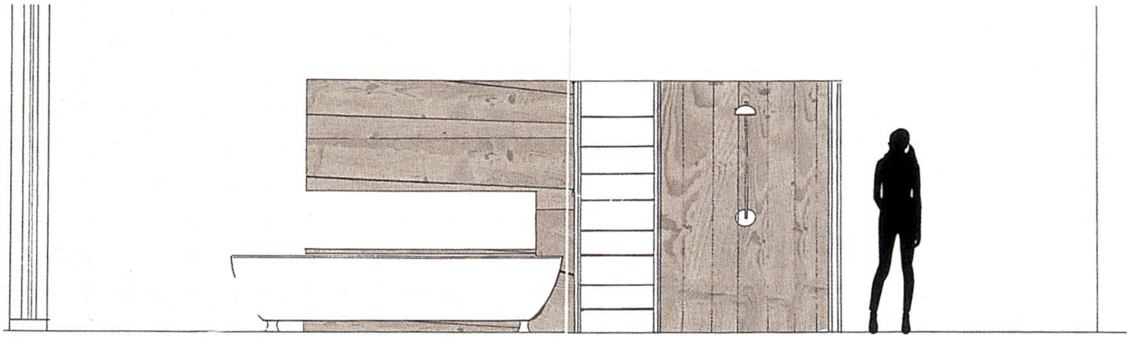

Eccellente esempio di design compatto, il coltellino dell'esercito svizzero contiene una serie di attrezzi in miniatura. È discreto, portatile e pratico.

Il carrello del supermercato ha un design che tiene conto delle esigenze della grande distribuzione: è fatto per poter contenere una notevole quantità di acquisti.

La valigia deve essere robusta, in grado di sopportare grandi pesi e deve essere munita di serrature a scatto, chiusure e manici.

Le scacchiere hanno visibilità e grafica caratteristiche per comunicare regole e principi del gioco. I pezzi con cui si gioca sono progettati per essere facilmente mossi con la mano.

Una padella per friggere dovrebbe avere un manico refrattario al calore e un fondo che invece lo conduce.

Un ingranaggio dentato ha una forma semplice, dettata dalla funzione. Realizzati con materiali durevoli, vengono utilizzati in diverse dimensioni in numerosi macchinari.

Elettrodomestico usato usato per favorire la circolazione dell'aria e il raffrescamento, il ventilatore può essere un oggetto di design caratterizzato da una buona estetica.

La sedia sostiene le persone in ambienti molto diversi e deve essere sia funzionale, sia estetica.

L'interno della radio contiene circuiti elettrici e cablaggi. L'involucro esterno spesso è progettato per adattarsi agli ambienti domestici, per soddisfare i gusti e le preferenze stilistiche degli acquirenti.

Le corde della chitarra sono tese sulla sua cassa cava per produrre e amplificare il suono.

Unità 07: Convenzioni del disegno architettonico

OBIETTIVI
- Imparare a leggere una varietà di disegni architettonici
- Comprendere l'utilizzo delle convenzioni del disegno
- Imparare a realizzare un disegno tecnico

Designer e architetti comunicano le loro idee attraverso il linguaggio convenzionale dei disegni, un linguaggio fatto apposta per essere percepito con la vista. Le convenzioni sono un modo per trasferire concretamente sulla carta l'astrattezza delle idee. I disegni tecnici sono necessari sia per comunicare che per realizzare il progetto. Questa unità presenta i principi basilari del disegno tecnico necessari per produrre disegni che possano essere presentati al cliente.

DISEGNO TECNICO

I disegni architettonici enfatizzano la forma e la definizione dello spazio. La rappresentazione grafica può essere sia bi- che tridimensionale. Piante, sezioni e prospetti sono tutte viste bidimensionali indicate collettivamente come proiezioni ortogonali. Ogni vista rappresenta le possibilità di movimento da noi previsto nello spazio, mantenendo coerenti scala e proporzioni delle dimensioni. La pianta ci guida in un percorso "sopra" lo spazio; il prospetto ci consente di osservare lo spazio dall'esterno a livello del terreno e le sezioni ci invitano a entrare per osservare la configurazione dello spazio dall'interno. L'importanza di queste viste consiste nella loro capacità di presentare informazioni con una certa sequenza. Pertanto, un set di disegni fornisce una diversa stratificazione di informazioni, per consentire una comprensione completa dello schema di progetto.

I disegni tridimensionali sono quelli assonometrici, isometrici e prospettici. Sono più realistici perché ci permettono di vedere tutte e tre le dimensioni: altezza, lunghezza e larghezza (vedi a pagina 54).

DISEGNO ASSONOMETRICO
Il disegno assonometrico bianco su nero attira l'attenzione sull'uso delle fonti luminose. L'intreccio di righe sul pavimento descrive il modo in cui la luce naturale viene usata per attività pratiche come lavare e lavarsi.

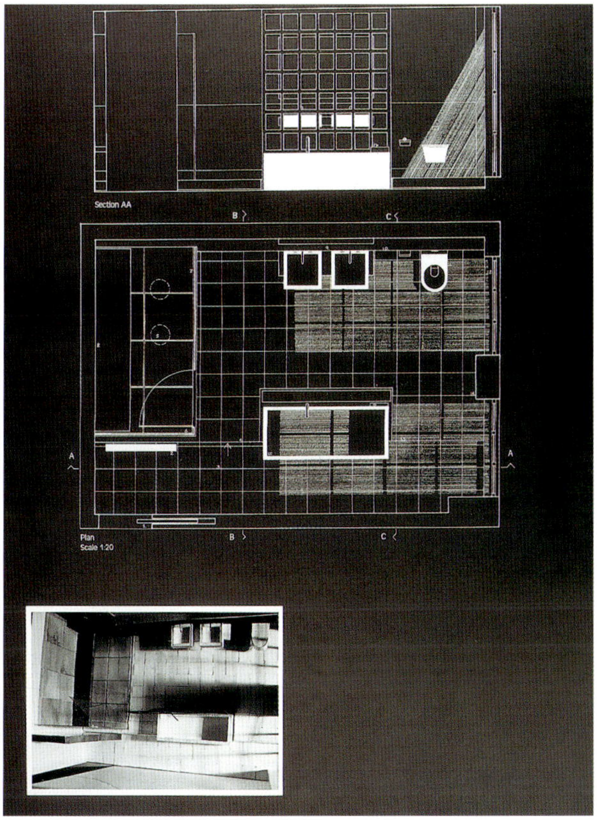

SEZIONI E PROSPETTI

Sezioni e prospetti sono viste verticali di un edificio. Il prospetto viene usato per illustrare la facciata esterna di una costruzione e perciò non riguarda l'interno. Dettagli quali pilastri, archi, porte e finestre si possono mostrare in un disegno in proiezione verticale, mentre la sezione permette di "tagliare" in verticale la facciata per dare visibilità agli spazi che essa nasconde. Le viste in sezione sono lunghe o corte, a seconda che l'edificio sia tagliato nel senso della lunghezza o della larghezza. Nello scegliere quale parte dell'interno mostrare sotto forma di sezione, comunemente si predilige la vista più importante. Ciò significa fornire quante più informazioni possibili, mostrando i cambi di livello, gli spazi a doppia altezza o le rampe di scale. Il disegno in sezione è costruito direttamente dalla pianta, utilizzando sottili linee di costruzione per proiettare informazioni quali altezze, lunghezze o larghezze. Il punto di sezionamento è specificato esternamente alla pianta con frecce tratteggiate che indicano la posizione del taglio e la direzione della vista. Tutte le linee di sezione devono essere disegnate con un tratto più marcato per indicare con immediatezza il piano di taglio. Nel disegno deve essere presente anche tutto ciò che è visibile nello spazio al di là della sezione, che sarà indicato con un tratto più leggero per conferire profondità.

PIANTA

La pianta è una visione orizzontale dell'edificio dopo che è stato tagliato circa all'altezza della vita (1200 mm), non considerandone la parte superiore. Lo scopo della pianta è quello di mostrare l'organizzazione e la disposizione degli spazi all'interno della costruzione. L'altezza del taglio è determinata dall'esigenza di includere informazioni importanti, come la posizione di porte, finestre, pareti e scale e di indicare lo spessore dei muri portanti, montanti, telai di finestre e davanzali. La pianta comprende anche altre caratteristiche architettoniche: travi strutturali, ammezzati o lucernari sono rappresentati con una linea punteggiata a indicare che sono più in alto rispetto al livello della sezione orizzontale.

PIANTA E SEZIONE
La pianta è presentata sotto la corrispondente sezione in modo da fornire una visione dall'alto e verticale dell'interno. La fotografia di un modello in scala mostra la qualità scultorea e materiale dello schema e il contrasto di luci e ombre.

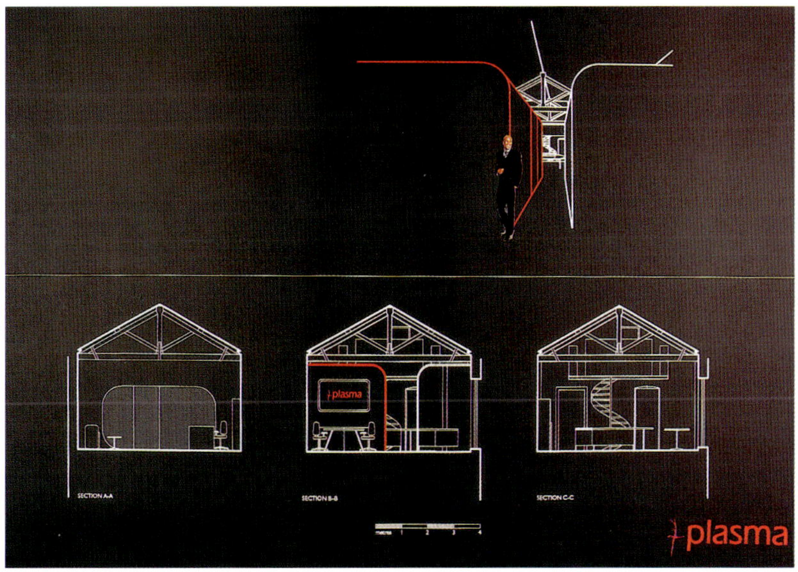

SEZIONI
Le sezioni sono importanti per descrivere le caratteristiche architettoniche di un sito. Queste sezioni mostrano la struttura di un tetto.

SCALA

"Scala" è sinonimo di "dimensioni" . La maggior parte dei disegni tecnici è realizzata in scala, cioè con dimensioni molto ridotte di ciò che non può essere rappresentato con le dimesioni reali, come un terreno o degli edifici e gli oggetti in essi contenuti. Il disegno del progetto può essere quindi contenuto in una pagina. Le scale più usate sono 1:20, 1:50 e 1:100. Il disegno di un interno in scala 1:20 è 20 volte più piccolo delle dimensioni reali. Via via che la scala di un disegno aumenta, è necessario mostrare maggiori dettagli. In un disegno in scala 1:100, ogni metro corrisponde a un centimetro. Sul disegno la scala è indicata con una barretta la cui lunghezza è in scala (se è lunga 1 cm, questo, in una scala 1:20 corrisponde a 20 cm). La barretta è particolarmente utile quando i disegni vengono fotocopiati e ridotti a una data dimensione anziché a una data scala. Se ne usano di vari tipi a seconda dello stile grafico o della preferenza suggerita dal disegno.

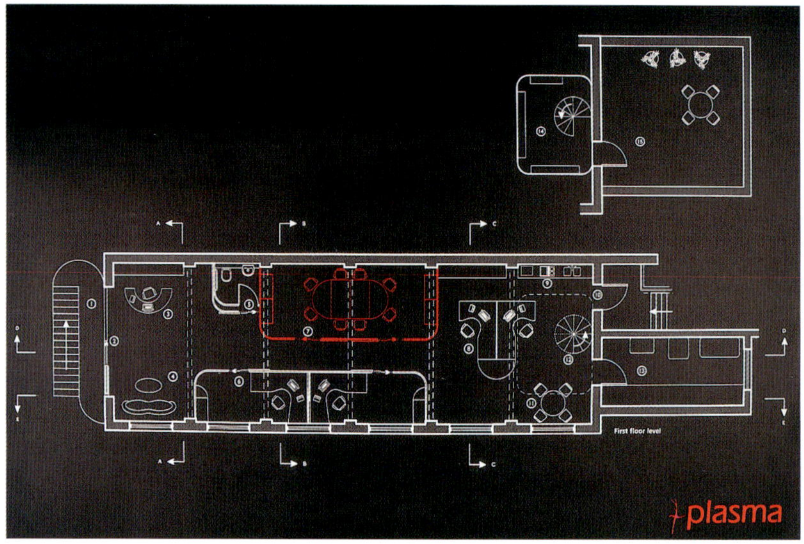

LINEE DI SEZIONE
Le linee di sezione indicano le viste più importanti dell'interno e sono marcate all'esterno della pianta con frecce che mostrano la direzione scelta.

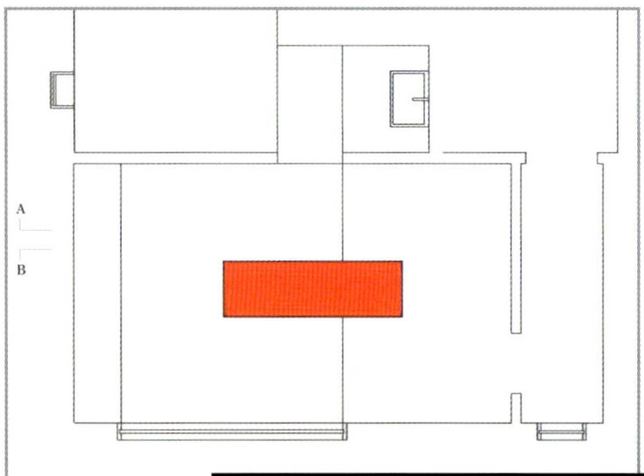

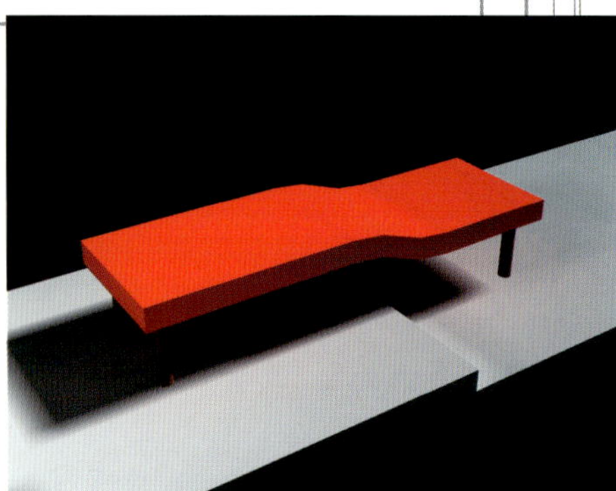

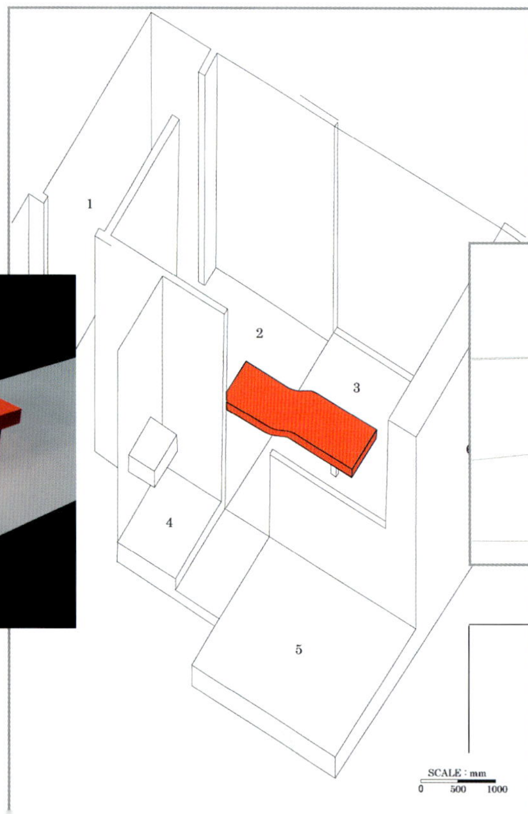

EVIDENZIARE UNA CARATTERISTICA
Offerti come set, i disegni tecnici aiutano a comunicare lo schema progettuale con una sequenza ortografica. Un'immagine prodotta con il computer illustra una importante caratteristica della panca al centro di questo interno domestico.

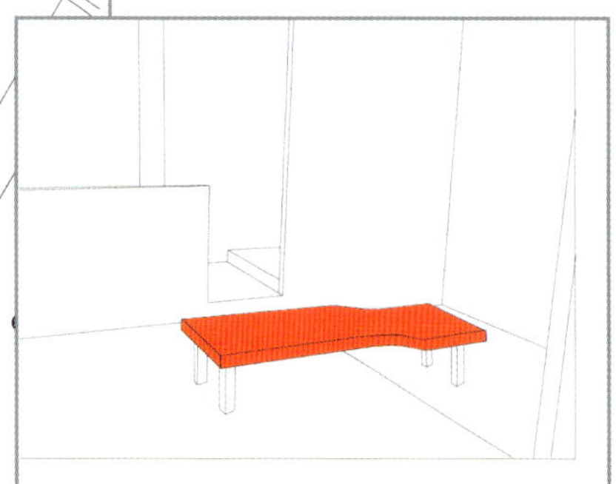

La barretta indica la scala del disegno, cioè il rapporto di riduzione con cui è realizzato.

SEZIONE LUNGA
La sezione lunga descrive la lunghezza dell'edificio rispetto alla larghezza. Le viste di sezione sono rappresentazioni piatte dello spazio che se presentate insieme ad altre viste o a modelli aiutano a fornire una comprensione completa dello schema.

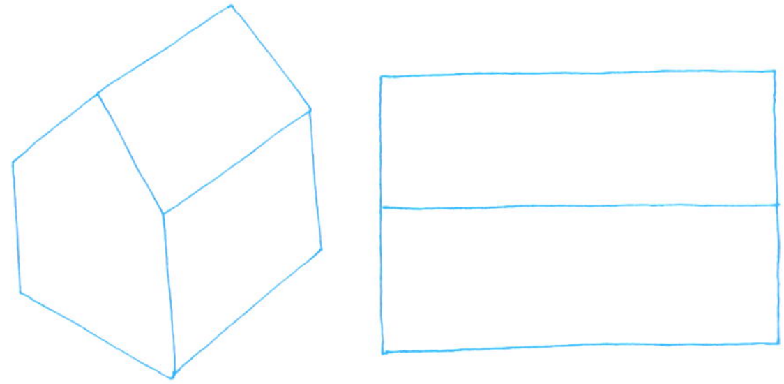

PIANTA TRIDIMENSIONALE E DEL TETTO
Viste esteriori di un edificio rappresentate da prospetti, con una visione aerea della pianta del tetto.

LINEE DI MISURA E LINEE DI SEZIONE

Queste linee vanno tracciate con strumenti per il disegno tecnico per motivi di chiarezza e coerenza. Il tipo di rappresentazione grafica varia per adattarsi al disegno e al suo stile. Tenete ben distinte le linee di misura e di sezione da quelle del disegno: non si creeranno confusioni.

SPESSORE DELLE LINEE

Gli spessori delle linee sono diversi per i punti di taglio, per gli elementi strutturali e non strutturali ma anche per mobili e dettagli. La linea più spessa (0,5; 0,7; 0,8 e 1,0) rappresenta il contorno, la struttura o il profilo dello spazio nel punto di taglio. Più spessa è la linea, maggiore è il contrasto tra il profilo dello spazio e le altre linee usate per disegnare arredi e dettagli. Questo conferisce al disegno un senso di profondità.

Se in una sezione ci sono molti piccoli dettagli (cornici o altri particolari architettonici), questo impone la scelta dello spessore della linea utilizzata. Una linea spessa, se usata per disegnare un profilo dettagliato, si rivelerebbe indeguata con conseguente perdita di numerosi dettagli. La regola generale tiene conto della posizione del punto di taglio. Più vi allontanate dalla linea di taglio, più la linea è fine. Dettagli quali piastrelle e assi di pavimentazione saranno i più distanti dalla linea di taglio e vanno disegnati con una penna fine (0,1; 0,18) per suggerire la distanza. Mobili ed elementi non strutturali devono essere riprodotti con una linea di medio spessore (0,25; 0,35) per contrastare con i dettagli fini e i profili pesanti.

PORTE E FINESTRE

Le convenzioni per disegnare porte e finestre possono variare. Per una porta, è importante mostrare la posizione dei cardini; pertanto, il battente viene disegnato aperto con un angolo di 90 gradi. Le finestre sono segnate sul punto di taglio, che è più alto del davanzale, indicato con una linea più leggera del telaio della finestra.

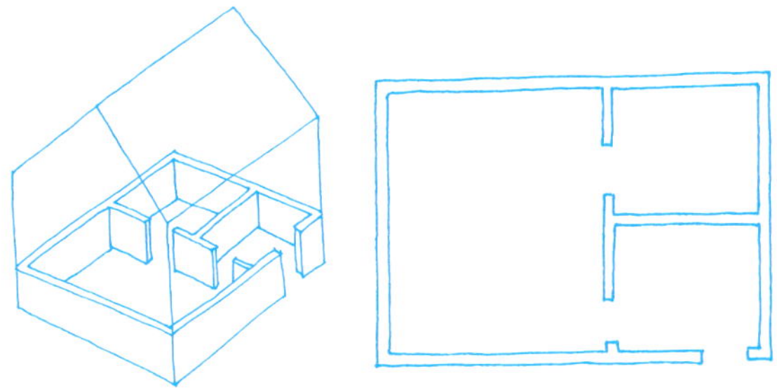

SEZIONE DELLA PIANTA
Tagliata ad altezza della vita, la sezione orizzontale dell'edificio fornisce una vista in pianta degli spazi interni.

PROSPETTO E SEZIONE
Quando il prospetto frontale è tagliato verticalmente si crea una vista in sezione degli spazi interni dell'edificio.

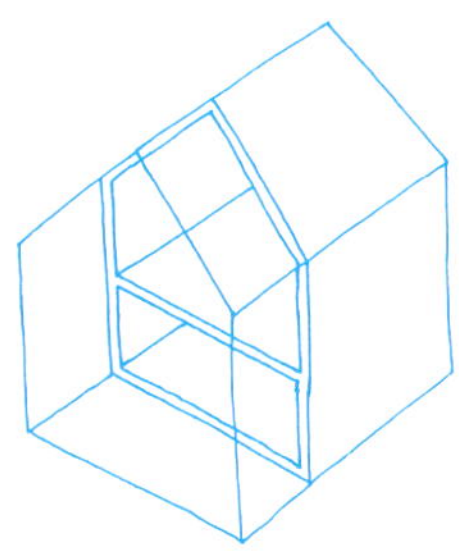

PROSPETTO SEZIONALE
Il prospetto sezionale mostra elementi che sono stati tagliati e altri che non lo sono stati. Alcuni elementi saranno pertanto presenti nella sezione mentre altri, distanti dal punto di taglio, rimangono nel prospetto.

Vedi anche

Unità 01: Ricerca sul posto e studio degli edifici (pagina 12)

Unità 08: Sopralluogo e disegno a mano libera

OBIETTIVI
- Capire le convenzioni relative all'esecuzione dell'indagine
- Presentare le metodologie per l'indagine su uno spazio
- Imparare a realizzare disegni a mano libera precisi di uno spazio interno

Con un sopralluogo registrate ed elaborate le informazioni necessarie per realizzare disegni che riportano misure. La procedura non cambia sia nel caso di una cucina o di un intero edificio. In base a un'osservazione attenta, potete raccogliere le informazioni necessarie per produrre accurati disegni a mano libera. Questa unità costituisce una guida passo passo al sopralluogo e sviluppa le vostre capacità di disegnare a mano libera.

Quando iniziamo a studia uno spazio per prima cosa verifichiamo di disporre dell'attrezzatura necessaria. Vi serviranno un metro a nastro di una trentina di metri, un metro tascabile, un metro pieghevole, un regolo da falegname per misurare inclinazioni e angoli, un blocco di carta pergamena delle dimensioni di un libro mastro, matite e una macchina fotografica.

FASE 1

Raccogliete tutti i disegni e le fotografie disponibili. Se lo studio riguarda un sito piuttosto grande, è buona norma munirsi di tutti i disegni esistenti richiedendoli all'ufficio competente, facendosi prestare vecchi documenti dal proprietario o facendo ricerche negli archivi comunali o nazionali. Queste informazioni sono utili, ma è pur sempre doveroso prendere misure sul posto a conferma della precisione dei disegni esistenti.

FASE 2

Accordatevi per visitare l'edificio controllando in anticipo di potervi avere accesso: non perderete inutilmente tempo una volta arrivati sul posto. Valutate quanto tempo serve per poter risolvere tutto con un unico sopralluogo.

FASE 3

Programmate le fasi del sopralluogo. Prima di iniziare, fate una ricognizione per valutare a occhio dimensioni, forma e proporzione degli spazi. Prendete nota di tutto quello che potrebbe ostacolare le misurazioni, come macchinari o arredi ingombranti. Se non riuscite a prendere tutte le

ATTREZZATURA
La preparazione è la chiave del rilievo su uno spazio. Riunite tutti gli strumenti e siate metodici nell'utilizzarli. Pazienza e attenta osservazione garantiranno la precisione.

misure, potreste essere costretti a organizzare un secondo sopralluogo.

FASE 4

Preparate i disegni a mano libera. Prima di cominciare a misurare con il metro, vi servirà una serie di piante e di sezioni tracciate a mano libera e ben proporzionate su cui annotare le misurazioni. Misurate a passi lo spazio per stabilire il rapporto tra lunghezza e larghezza. Tracciate queste sottili linee guida sulla pianta, ignorando tutti i dettagli. Individuate nello stesso modo la collocazione di altri elementi quali finestre, porte, camini, ripostigli, gradini e caloriferi.

Ora completate lo schizzo disegnandovi le linee guida e posizionando correttamente questi elementi. Indicate con linee tratteggiate qualsiasi altra importante informazione relativamente a elementi posti in alto, come le travi – la convenzione prevede l'uso di trattini più lunghi per elementi situati al di sopra della linea di taglio e più corti per quelli nascosti al di sotto o dietro altri elementi in pianta. Osservate attentamente ogni costruzione e individuate i muri portanti e i tramezzi con le relative travi di sostegno. Indicate sulla pianta il verso della pavimentazione e il nord, usando una bussola o una mappa. Questo sarà importante quando valuterete come la luce influisce sullo spazio.

Se ispezionate più di un piano, dovete mostrare come gli spazi o le stanze sono collegati tra loro e come ogni piano è in relazione con quello superiore. Sovrapponete alla pianta del pianterreno un foglio di carta pergamena come guida per tracciare il layout dei piani superiori o inferiori. Nella maggior parte dei casi è possibile segnare dimensioni e posizione delle principali caratteristiche architettoniche quali muri, finestre e rampe di scale. Questi dettagli non si devono mai dare per scontati e vanno sempre controllati con misurazioni accurate. Le sezioni vengono disegnate utilizzando la posizione che fornisce maggiori informazioni per la linea di taglio immaginaria. Nel disegno definitivo, questa posizione è sempre indicata da frecce di sezione.

FASE 5

Prima di cominciare a misurare, segnate sui disegni le linee di misura. Questo fa risparmiare tempo e assicura di determinare solo le dimensioni necessarie. Se possibile, inserite le linee di misura all'esterno della pianta e per prendere le misure correnti procedete in senso orario.

FASE 6

La misurazione è più agevole e precisa se svolta da due persone. Una tiene l'estremità del metro a nastro e annota le misure mentre l'altra svolge il metro, prende la misura e la comunica, ripetendola per confermarla.

Le dimensioni principali saranno quelle correnti. Queste sono dimensioni lineari che cominciano da un punto, solitamente l'angolo di una stanza, e si estendono fino a raggiungere l'angolo opposto. Questo fornisce la lunghezza totale di ciascuna parete anziché una serie di misure da sommare ed evita gli errori. Usate il metro pieghevole per misurare le rientranze nei muri e quello tascabile per le aperture delle finestre. Stabilite la posizione relativa di porte e finestre e delle principali strutture come pilastri in pietra e camini prima di passare a prendere misure di elementi più piccoli.

Se le stanze non sono squadrate, è necessario prendere misurazioni diagonali dagli angoli per determinare l'angolazione delle pareti. Le misure sono riportate su linee diagonali sulla pianta a mano libera. Segnare con molta attenzione le misure. Indicatele sempre in millimetri e metri, non in centimetri. Segnate l'inizio e la fine delle dimensioni correnti.

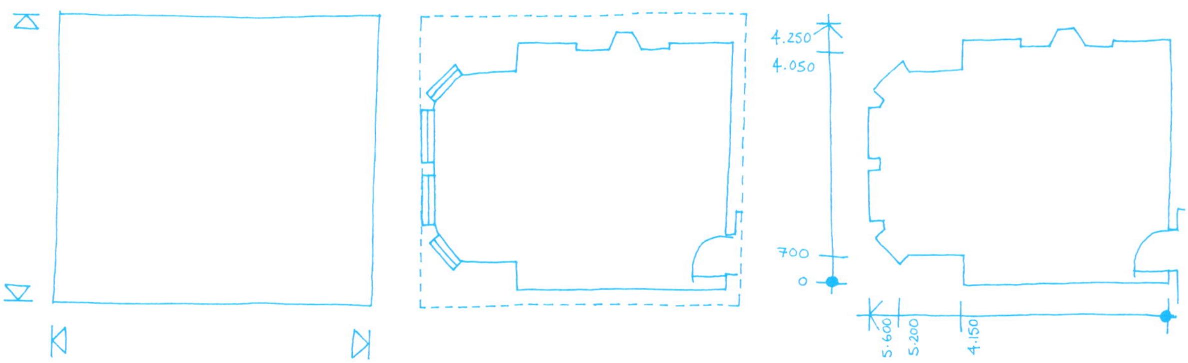

FARE UNA PIANTA A MANO LIBERA
Calcolando a passi le dimensioni dello spazio, realizzate uno schizzo a mano libera e ricavatene il profilo dello spazio con la posizione di tutti gli elementi esistenti in modo da ottenere una pianta precisa. Questa viene utilizzata per riportarvi tutte le dimensioni correnti durante il rilievo sul campo.

Vedi anche

Unità 07: Convenzioni del disegno architettonico (pagina 40)

Unità 09: Disegno tecnico

OBIETTIVI
- Introdurre i metodi del disegno architettonico
- Introdurre e approfondire le capacità di disegno tecnico
- Introdurre l'uso della scala e delle proporzioni

Il disegno tecnico all'inizio può sembrare molto complicato, ma una volta che ne abbiate compreso i principi fondamentali sarete in grado di realizzare disegni tecnici accurati. Le pagine che seguono illustrano la sequenza per fare un disegno in pianta.

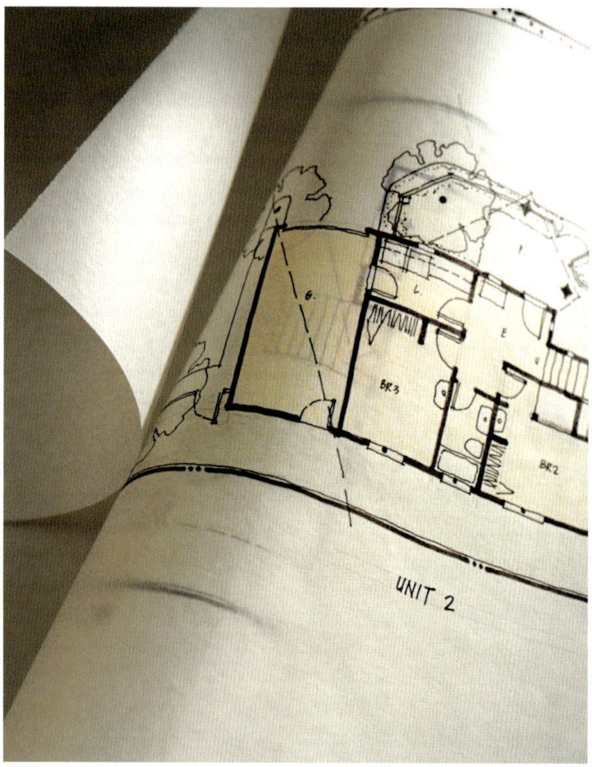

LA PIANTA
Una pianta finita fornisce un'accurata rappresentazione delle misure dell'area e del layout di uno spazio.

SPESSORI DELLE LINEE

FASE 1
Appoggiate il foglio di carta da lucido sul tavolo da disegno, fissandola agli angoli con nastro di carta. Con sottili linee di costruzione a matita, tracciate il contorno principale dello spazio e la posizione di tutte le pareti al suo interno. Le linee orizzontali vengono disegnate con il braccio parallelo e quelle verticali con il lato diritto della squadra appoggiata sul braccio parallelo. Il disegno deve essere centrato sulla pagina per consentire l'aggiunta di informazioni quali etichette, titoli, barre di scala e la legenda.

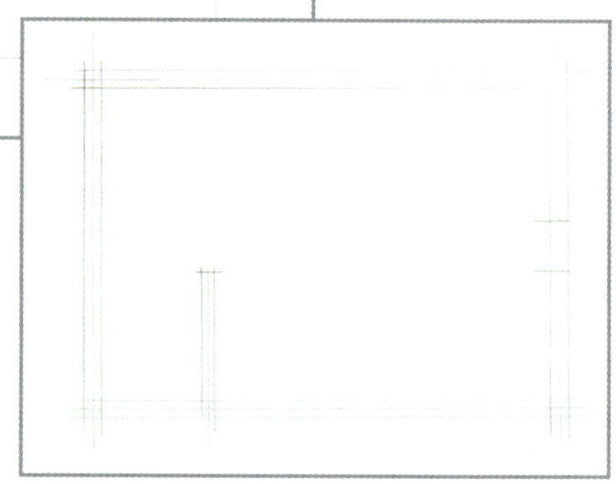

FASE 2
Usando una linea più spessa tracciata sopra quelle sottili di costruzione, mostrate la posizione e lo spessore delle pareti principali e degli elementi strutturali, come colonne e pilastri.

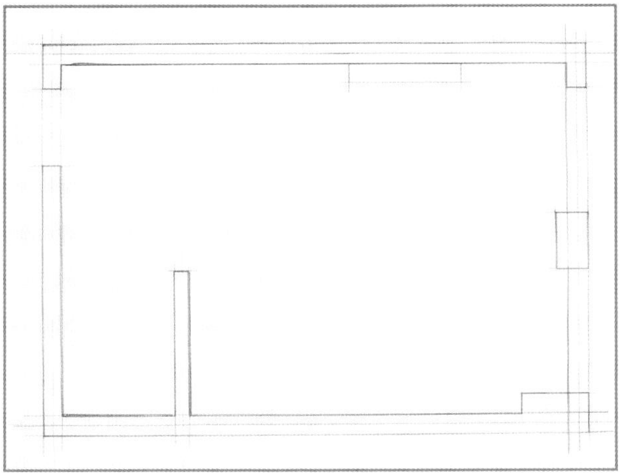

FASE 3
Ora inserite gli elementi principali mostrando la posizione di vani delle porte, finestre, camini e scale. Lo spessore della linea indica ciò che viene tagliato.

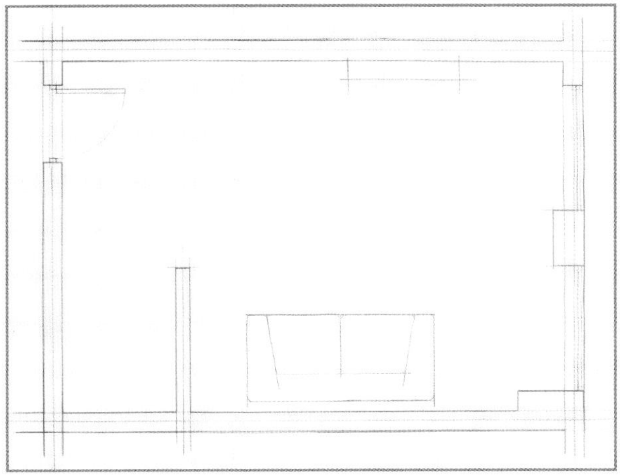

FASE 4
Una linea di spessore intermedio viene poi usata per definire gli elementi non strutturali, compresi porte, gradini e arredi. La linea più sottile viene usata per definire i dettagli come piastrelle, parquet, vetri e aperture delle porte.

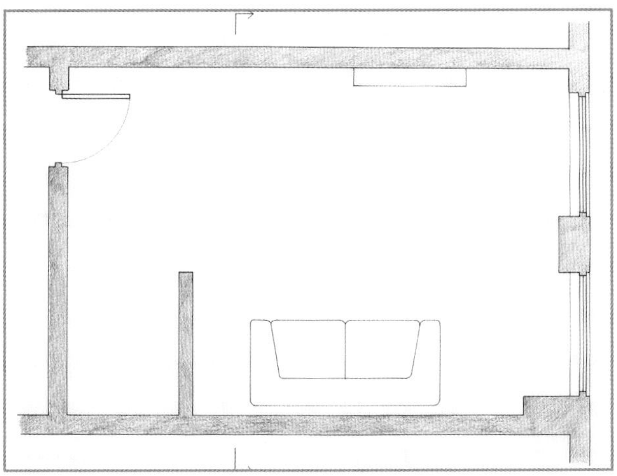

FASE 5
Completato il disegno preparatorio a matita, sovrapponetevi un foglio di carta da lucido trasparente e tracciate a inchiostro la pianta definitiva usando i giusti spessori delle linee. Per un maggiore contrasto grafico, riempite le pareti con un colore in tinta unita in modo che chiunque guardi la pianta visualizzi all'istante lo spazio.

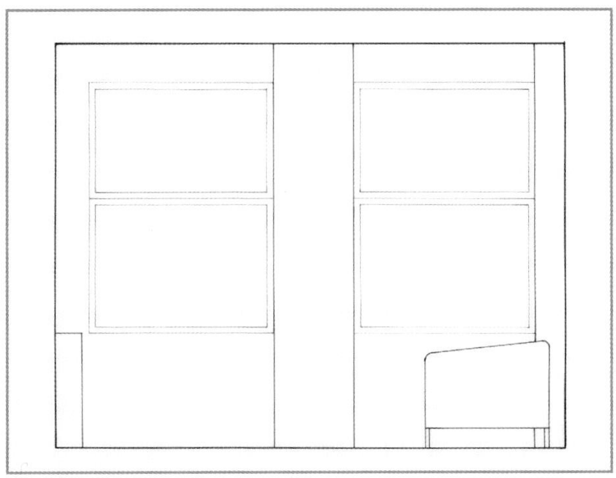

FASE 6
Schizzate una vista in sezione usando la pianta per proiettare le informazioni relative a larghezze e altezze. Facendo riferimento agli appunti del sopralluogo, aggiungete le misure verticali per completare il disegno. Le regole per gli spessori delle linee sono le stesse sia per le sezioni verticali che per quelle orizzontali.

Vedi anche

Unità 03: **Realizzare un modello** (pagina 20)
Unità 07: **Convenzioni del disegno architettonico** (pagina 40)

Unità 10: Realizzare modelli per la presentazione

OBIETTIVI

- Presentare le tecniche di realizzazione dei modelli
- Comprendere importanti principi di costruzione
- Imparare a costruire un modello per la presentazione

I modelli per la presentazione sono un ottimo sistema per mostrare il progetto definitivo al cliente, sia per spiegargli le scelte sia per suscitarne l'interesse. Usando semplici strumenti e materiali imparerete a realizzare un modello professionale che sia la vetrina delle vostre idee progettuali. Questa unità illustra passo passo il processo di costruzione di un modello destinato alla presentazione e offre importanti principi di costruzione oltre che consigli per ottenere texture e finiture realistiche.

I modelli sono utili per varie ragioni. Quelli disegnati consentono ai designer di esplorare idee, con materiali o con forme, per generarne altre o semplicemente per testare le possibilità di progettazione. Il modello è indubbiamente il metodo più efficace di presentare uno schema finito a un cliente.

PREPARAZIONE

Per costruire un modello destinato alla presentazione, serviranno due disegni in scala, uno in pianta e uno in sezione, da utilizzare anche per preparare il modello stesso. Gli strumenti essenziali sono gli stessi indicati nell'Unità 03. Questi comprendono un cutter con lame sottili (non troppo grosse), lame in plastica e cutter di precisione. Inoltre, serviranno una squadra da 100 mm e un righello in acciaio. L'adesivo usato per incollare i materiali varia a seconda del loro tipo. Per unire bordi con facciate, usate il PVA o l'adesivo per balsa. Per unire una parete all'altra, usate un adesivo spray non riposizionabile, nastro biadesivo o un adesivo istantaneo.

PRESENTAZIONE CHIARA
I modelli si possono presentare ed esporre come elemento centrale della presentazione al cliente.

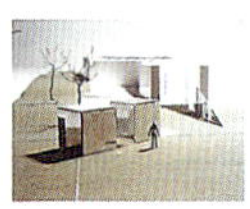

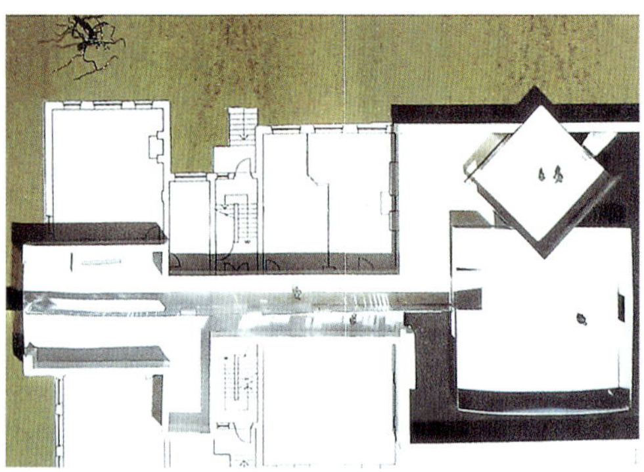

COLORE, TEXTURE E FINITURA

Un modello in scala rappresenta una visione distante della realtà. I colori visti da lontano sono più tetri e smorti di quanto li si osserva da vicino.
È la cosiddetta prospettiva aerea. Nel realizzare un modello, usate sempre colori meno vivaci di quelli reali. Evitate di usare la vernice o di applicare direttamente il colore usando materiali già colorati. In commercio sono disponibili carte e cartoncini di vari colori, texture e finiture, che costituiscono eccellenti sostituti dei materiali che intendete usare. In alternativa, potete preparre voi stessi le carte colorate usando colori ad acqua.

Per le superfici dei muri, la carta o il cartone multicellulare sostituiscono egregiamente l'intonaco al pari delle carte lisce colorate. L'intonaco scabro si può rappresentare con carta dipinta ad acquerello, disponibile in varie texture. L'effetto mattone si può riprodurre tracciando linee orizzontali bianche o panna a intervalli di 75 mm su carta leggermente più chiara del colore effettivo dei mattoni. Le tegole possono essere indicate da linee dentellate che formano una griglia regolare sul cartoncino, realizzate con una punta smussata, una

penna a sfera scarica o il bordo di una spatolina.
Per le tegole colorate, passate leggermente sul cartoncino bianco una matita colorata per "sporcarlo". L'effetto cemento o pietra si ottiene facilmente passando sul legno di balsa del colore a tempera chiaro (ricordate sempre di passare l'acqua anche sul retro per evitare che il legno si imbarchi). Le venature del legno sono difficilmente riproducibili in scala, tuttavia la grana sufficientemente fine del legno di balsa e di betulla permette di usarlo al posto di altre essenze. Per scurire il legno, usate acquerelli molto diluiti ma non mordenti per legno perché l'assorbimento potrebbe presentare qualche rischio e il mordente sbaverebbe su altre parti del modello.

IL PAVIMENTO

È opportuno che il modello posi su una base piatta e rigida. Il pannello di fibre (MDF) di media densità è il materiale più stabile generalmente disponibile. A differenza del cartoncino, del cartone multicellulare e del legno compensato, rimane piatto e non si deforma. Per un modello di 300 mm^2, basta una base di MDF da 6 mm, aumentando lo spessore in proporzione. Prima di costruire il resto del modello, dovrete rivestire la base con un materiale che meglio rappresenti la pavimentazione scelta.
La carta selezionata andrà tagliata leggermente più grande per la base. Basamento e carta andranno poi spruzzati con uno strato uniforme di colla adesiva spray e unite diritto contro rovescio. Premete delicatamente con la mano per fare aderire il tutto assicurandovi di non lasciare bolle d'aria. Rovesciate ora la base e tagliate la carta in eccesso con un cutter affilato. Nel caso di un pavimento in legno, potete applicare un foglio di impiallacciato direttamente sulla base fissandola con dell'adesivo a presa rapida. L'adesivo va steso su entrambe le superfici e lasciato asciugare parzialmente. I due fogli vengono poi uniti e pressati insieme. Questi collanti sono molto resistenti nel caso di giunzioni faccia a faccia, ma producono vapori di petrolio e, pertanto, è opportuno usarli in ambienti adeguatamente ventilati.

LA PIANTA

Tracciate la pianta direttamente sulla base con un cutter di precisione, passando la lama direttamente sul disegno, o trasferite attentamente le misure con un righello, con segni o punti. Evitate di tracciare linee direttamente sul cartone perché queste produrrebbero leggere discrepanze nel modello.

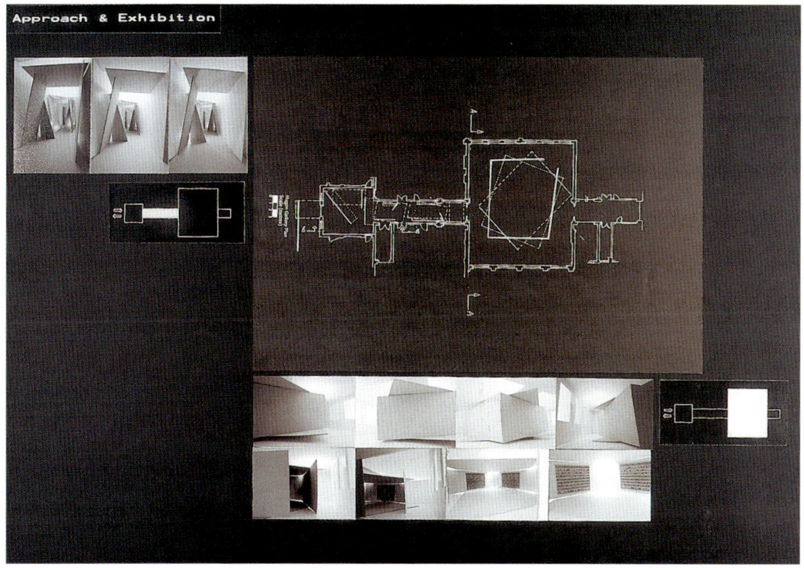

AUMENTARE LE DIMENSIONI
Le presentazioni bidimensionali dovrebbero comprendere immagini del modello per conferire tridimensionalità ai disegni.

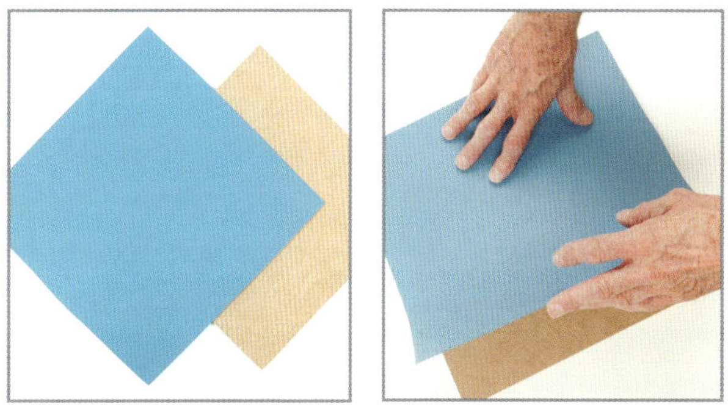

APPLICAZIONE DEL PAVIMENTO AL MODELLO
Coprite la piastra di base con il materiale che rappresenta la finitura del pavimento.

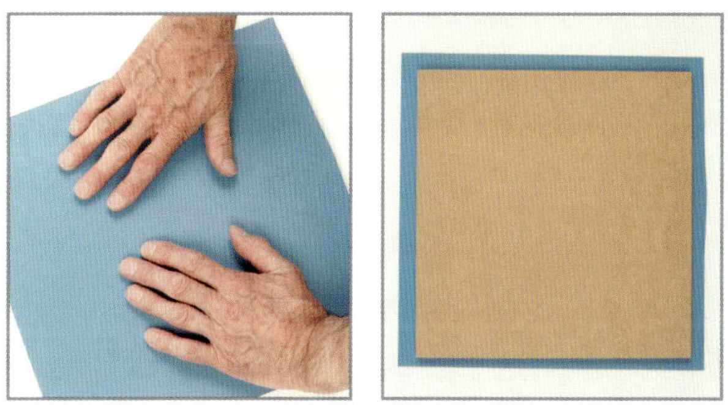

FISSARE LA FINITURA
Spruzzate l'adesivo, applicate la carta partendo da un angolo e premetela contro la base in modo da eliminare eventuali bolle d'aria.

PARETI

Utilizzate sempre materiali semplici da tagliare, fissare e unire. Cartoncino, cartone multicellulare, legno di balsa e fogli di acrilico sono tutti materiali che soddisfano questi criteri. Evitate di usare metallo, legni duri, gesso o pietra perché sono troppo difficili da manipolare e hanno un aspetto incongruo in un modello in scala. Simulate questi materiali mediante carte colorate o con particolari texture. Preparate il materiale dei muri rivestendo il cartoncino o cartone multicellulare con carte colorate o dalla texture particolare, usando un adesivo spray. Tagliate le strisce di materiale tutte della stessa altezza e poi tagliatele in lunghezza usando una squadra professionale sulla base della misura delle pareti. È preferibile usare questo metodo piuttosto che misurare ogni muro singolarmente, perché garantisce precisione sia per le dimensioni che per gli angoli.

PUNTI DI GIUNZIONE

Per collegare le pareti insieme, usate un giunto di testa facilmente realizzabile con il cartone multicellulare. Tenete il cutter di precisione con l'indice sul fianco della lama per controllare la profondità del taglio. Incidete cautamente lo strato superiore del cartone e la schiuma di polistirolo, senza arrivare allo strato inferiore di cartone. Togliete il cartoncino e la schiuma in eccesso con la lama del cutter. Usando il bordo di un pezzo di cartone, eliminate tutti i resti di schiuma dallo strato inferiore di carta.

1. PREPARARE IL MATERIALE
Prima di tutto preparate il materiale rivestendolo con carta adeguatamente colorata o lavorata.

2. TAGLIARE IL PUNTO DI GIUNZIONE
Tagliate cautamente il rivestimento di cartone e la schiuma, con il dito indice posizionato a lato della lama per controllare la profondità del taglio.

3. FARE UNA SCANALATURA
Eliminate una striscia di cartoncino o di cartone multicellulare per ottenere una scanalatura che nasconda il giunto di testa.

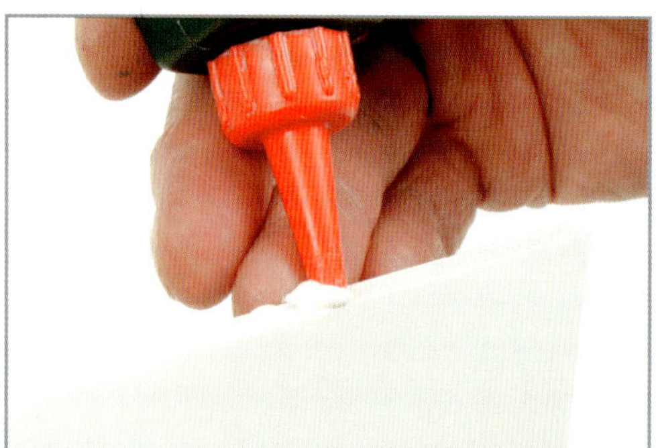

4 e 5. APPLICARE LA COLLA
Applicare una quantità minima di colla ed eliminare eventuali eccessi.

COSTRUZIONE

Ora siete pronti a costruire il modello partendo dalla base. È meglio costruire un muro per volta piuttosto che adattare l'edificio alla base dopo aver assemblato tutti i muri. Per incollare il primo muro usate colla vinilica. Controllate che il muro sia verticale mantenendolo in posizione con una squadra fino a che la colla non abbia fatto presa. La parte successiva verrà sistemata ad angolo retto. Usate una minima quantità di colla, e premete contro la prima parete e la base, usando una squadra per sostenerla finché la colla non fa presa. Ripetete l'operazione per le altre pareti.

PARETI CURVE

Usando un cartoncino o materiale espanso, si possono incurvare le pareti incidendo il primo strato sulla parte esterna della curvatura. Tenendo il cutter con l'indice sulla parte esterna della lama, praticate una serie di incisioni parallele ugualmente distanziate. Non forate lo spessore del materiale. Passate senza premere il cutter in ogni incisione verificandone la profondità. Il materiale si può facilmente piegare distanziando le strisce da coprire con carta usando un adesivo spray per fissare la curvatura.

6. COSTRUIRE IL MODELLO
Costruite il modello direttamente sulla base e usate una squadra per tenere le pareti in posizione mentre la colla fa presa.

7. Posizionate la parete successiva.

8. Assicuratevi che i muri siano disposti ad angolo retto.

9. PIANO SUPERIORE
Calcolate l'altezza del soffitto del pianterreno. Tagliate una striscia di cartoncino a questa altezza, incidete in verticale e piegate.

10. Il cartoncino piegato costituirà un ottimo sostegno per il pavimento posizionato.

11. Usate dell'adesivo PVA per incollare il pavimento nella sua sede. Togliete la guida di cartoncino quando l'adesivo ha fatto presa.

12. TAGLIARE UNA PARETE CURVA
Tenendo il cutter di precisione con il dito indice lateralmente alla lama, incidete una serie di tagli a distanza regolare uno dall'altro.

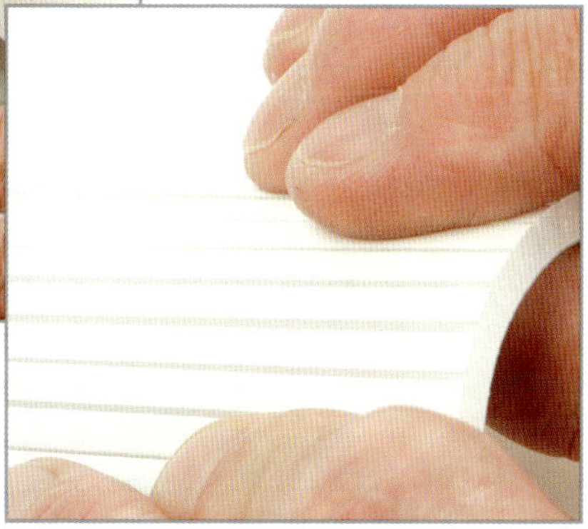

13. Il cartone multicellulare si curverà con facilità.

LE FINESTRE

Per realizzare una finestra, praticate un foro nella parete. Segnatene con tratto leggero le dimensioni con una matita 5H. Fate un taglio su un lato da un angolo fin quasi all'angolo opposto. Eseguite la stessa operazione su ogni lato dell'apertura. In questo modo non si taglia più del necessario. Invertite il procedimento, incidendo dagli angoli non tagliati fino a completare l'apertura. Per applicare una lastra di vetro al cartoncino o al cartone multicellulare, l'apertura e la lastra devono avere le stesse dimesioni. Il sistema migliore per applicare un vetro alla finestra di un modello è realizzare un sandwich. Prima tagliate il materiale della finestra, da un foglio di acetato in acrilico spesso 1 mm, delle stesse misure dell'intera parete. Tagliate la parete interna di carta, cartoncino o cartone multicellulare con il foro per la finestra e poi la parete esterna sempre con l'apertura per la finestra. Per finire, assemblate i tre strati usando del nastro biadesivo.

LE SCALE

Dopo aver progettato la scala (vedi Unità 07) realizzate una semplice e precisa maschera di montaggio formata da un paio di corsi separati da rettangoli di cartoncino. Il tutto forma la struttura di una semplice scala, funge da sostegno temporaneo per una scala a sbalzo mentre la colla agisce o si può ridurre a un supporto centrale. Questo metodo si adatta alla realizzazione di quasi tutti i tipi di scala.

14. COSTRUIRE UNA FINESTRA
Preparate la parete esterna e quella interna. Tagliate il foglio di acetato o acrilico nelle stesse misure della parete.

15. ASSEMBLARE LA FINESTRA
Applicate il nastro biadesivo.

16. Incollate una delle pareti al foglio di acetato o di acrilico.

17. La finestra completata.

19. Per prime, applicate le alzate.

20. Poi i gradini.

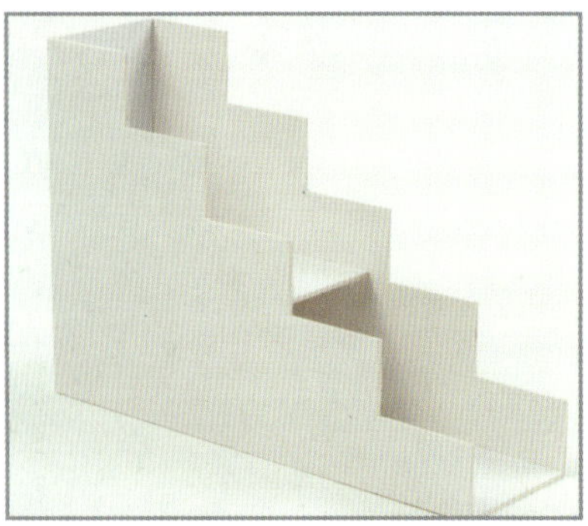

21. La scala completata.

18. SCALE
Realizzate una maschera di montaggio precisa formata da un paio di corsi.

22. Per una scala a sbalzo, usate la maschera di montaggio per tenere i gradini in posizione mentre la colla fa presa.

SCALE A CHIOCCIOLA

Per realizzare la scala a chiocciola con colonna di appoggio centrale tracciate la pianta della scala su cartoncino. Tagliate i cerchi e ricavatene i gradini, ma senza il foro per la colonna. Una maschera di cartoncino terrà orizzontale la colonna. Segnate su di essa le alzate dei gradini. Fate un intaglio a becco d'uccello per accogliere la colonna sulla quale incollerete i gradini con colla per balsa. Ruotate la colonna e applicate il successivo gradino.

23. SCALE A CHIOCCIOLA Fate un intaglio a becco d'uccello per posizionare la colonna.

24. Disponete orizzontalmente la colonna sul cartoncino d'appoggio e segnatevi il punto di inserimento dei gradini.

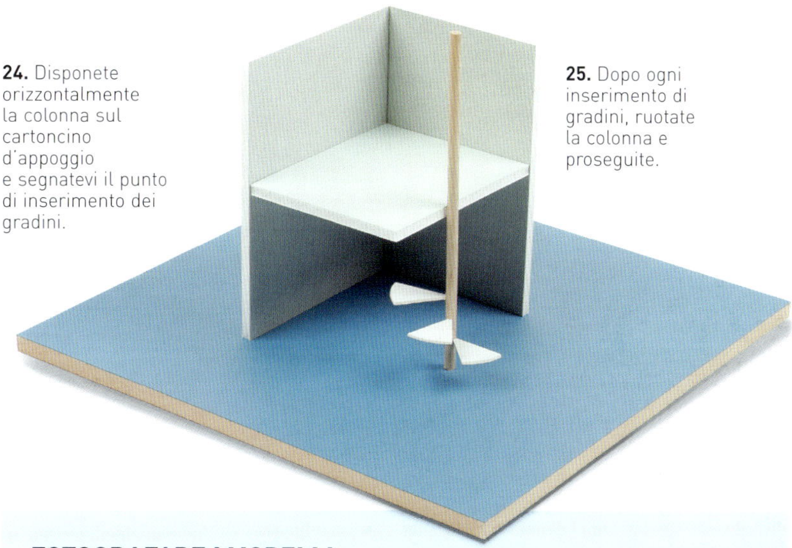

25. Dopo ogni inserimento di gradini, ruotate la colonna e proseguite.

CURVE TRIDIMENSIONALI

Sfere ed elementi tridimensionali sono difficili da realizzare perciò è preferibile ricorrere a quelli già pronti. Esistono fornitori specializzati per la realizzazione di modelli e alcuni laboratori realizzano elementi su misura. In alternativa, costruite da soli il pezzo che vi serve realizzando una forma in gesso, applicandovi sopra del sapone e rivestendola con uno strato di carta velina imbevuto di colla. Potete anche usare la resina in fibra di vetro rinforzata.

ALBERI, ROCCE E ACQUA

Gli alberi si possono creare con il filo metallico. Con la corteccia di sughero reperibile dai fioristi si ottengono scogliere e rocce realistiche. Qualunque superficie riflettente (per esempio, carta patinata, lacca o foglio di acrilico) simula l'acqua. Ricordate che raramente l'acqua è azzurra se non nelle giornate molto soleggiate.

FOTOGRAFARE I MODELLI

Fotografate sempre i vostri modelli. Le fotografie illustrano bene i disegni della presentazione e sono un'ottima documentazione d'archivio nel momento in cui il modello diventa vecchio o si rovina. Ricordate che le viste più realistiche sono quelle che ricreano la visione all'altezza degli occhi. Le fotografie devono valorizzare la scala umana riducendo opportunamente la scala dell'altezza degli occhi nel modello. Sperimentate l'uso della luce naturale e artificiale per immagini diurne e notturne dello spazio. Usate obiettivi diversi, anche il grandangolo, e alterate leggermente la composizione delle singole strutture per avere fotografie creative. Per immagini fortemente contrastate, usate una pellicola in bianco e nero e controllate accuratamente la luce, per scatti realistici, pellicole a colori e luce naturale.

Vedi anche

Unità 05: **Materiali da disegno** (pagina 34)
Unità 06: **Dimensioni umane** (pagina 36)
Unità 07: **Convenzioni del disegno architettonico** (pagina 40)

Unità 11: Disegno assonometrico e prospettico

OBIETTIVI
- Capire come realizzare disegni tridimensionali
- Capire come usare le convenzioni del disegno
- Imparare a realizzare un disegno tecnico

I disegni tridimensionali sono, per loro natura, rappresentazioni spaziali realistiche e pertanto consentono di modellare efficacemente lo spazio sulla carta, aiutandoci a comprendere le caratteristiche spaziali di un sito. Questa unità illustra la realizzazione passo passo dei disegni tridimensionali come strumento utile per approfondire la comprensione del design spaziale.

Gli elementi sono esplosi, con l'uso di una linea punteggiata per rappresentare il movimento e la posizione del distacco - verso l'alto, verso il basso o lateralmente lungo un dato asse.

UNA PRESENTAZIONE COMPLETA
Questa assonometria esplosa di uno spazio commerciale è presentata insieme a riferimenti progettuali, immagini e disegni bidimensionali per rafforzare il concept progettuale nel cliente.

I disegni assonometrici si possono migliorare con l'uso della prospettiva. Gli elementi colorati illustrano i rapporti tra materiali differenti e descrivono la suddivisione in zone degli spazi.

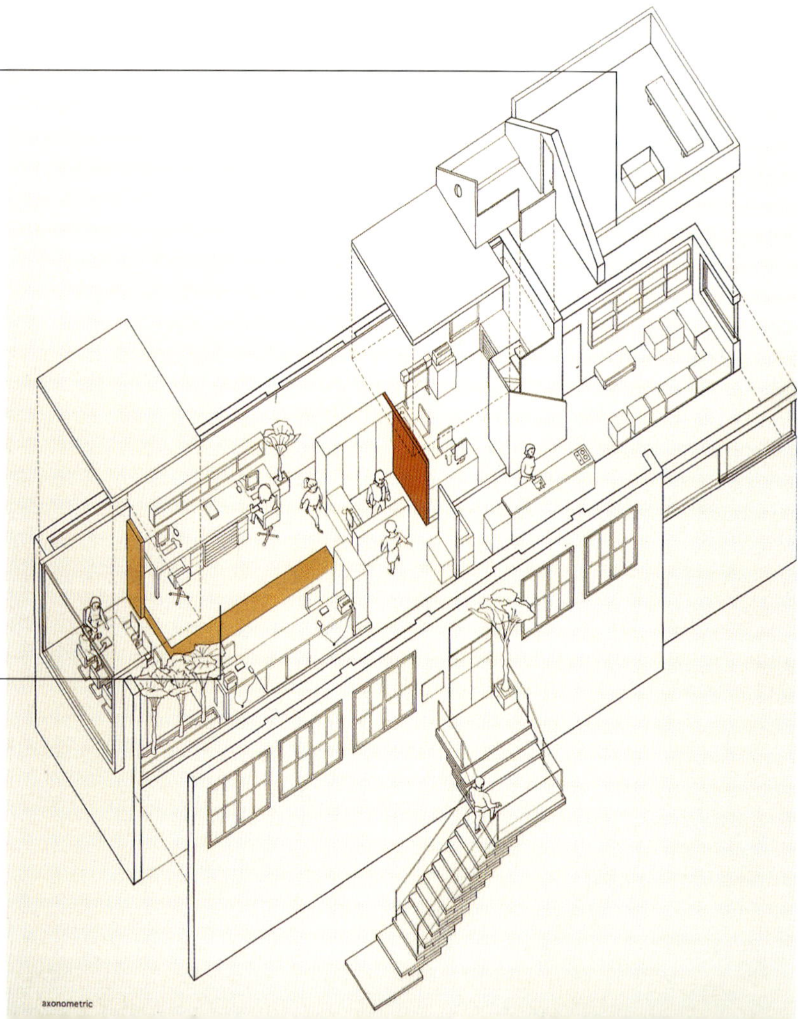

ASSONOMETRIE

L'assonometria è particolarmente utile perché permette di rappresentare in un'unico disegno le viste in pianta, in sezione e in proiezione verticale. L'assonometria assomiglia a un modello osservato dall'alto cosicché si ha una visione sinottica dell'intero schema. Le assonometrie si realizzano facilmente usando la pianta per proiettare tutti i suoi punti a una certa altezza. I dati relativi ad altezze, larghezze e lunghezze si possono ricavare dalle sezioni finite e dalle viste in pianta. L'assonometria si può realizzare con varie inclinazioni del piano, con una preferenza per gli angoli di 45/45 gradi, 60/30 gradi o 90 gradi rispetto alla linea dell'orizzonte. Con qualunque orientamento, il totale degli angoli corrisponde sempre a 90 gradi.

TRASMETTERE L'EFFETTO
Un'assonometria adeguatamente disegnata può comunicare e proiettare le qualità spaziali di uno schema, sia mostrando il layout complessivo di un interno, sia descrivendo l'uso dei materiali e la sensazione ambientale prodotta dall'illuminotecnica.

FASE 1 Impostare il disegno assonometrico

Partendo dalle piante di cui all'Unità 09, esplodete l'assonometria. Posizionate la pianta sul tavolo da disegno assicurandovi che le righe su entrambi i lati del disegno siano a 45 gradi rispetto al blocco del movimento parallelo. Fissate il disegno con nastro di carta su ciascun angolo. Poi sovrapponete un lucido, facendo attenzione che sia ben centrato sul disegno. A questo punto siete pronti per disegnare l'assonometria.

FASE 2 Proiettare le altezze

Cominciate a realizzare il disegno assonometrico tracciando i tre assi principali in direzione oraria. Disegnate la linea del pavimento e proiettate le pareti fino all'altezza del soffitto secondo la scala usata. Utilizzate la squadra per tracciare tutte le linee verticali, accertandovi che poggi ad angolo retto sul blocco del movimento parallelo. Usate quest'ultimo per tracciare tutte le linee orizzontali. Ricordatevi sempre di tracciare le linee senza mai premere la matita o la penna per ottenere un risultato più accurato.

FASE 3 Inchiostrare il disegno

Tracciato il disegno assonometrico a matita, va trasferito sul lucido con l'inchiostro. Tracciare disegni a inchiostro è una vera abilità e richiede pazienza. Non abbiate fretta. Fate attenzione a procedere da sinistra a destra e dall'alto in basso per evitare sbavature e consentire all'inchiostro di essiccarsi mentre continuate a lavorare. Per definire e dettagliare efficacemente il disegno, usate linee di spessore differente come per le sezioni e le piante (vedi Unità 07).

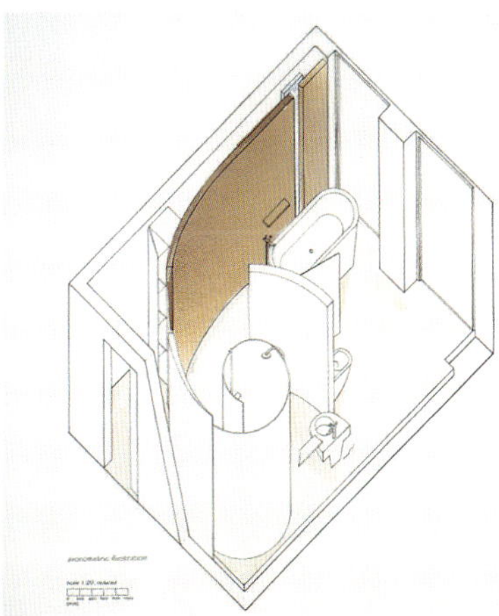

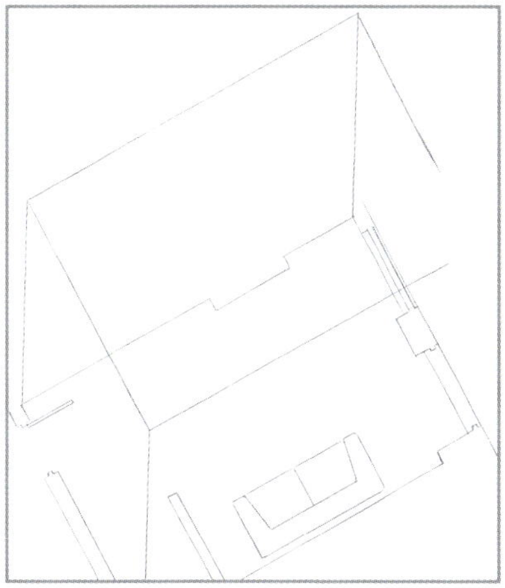

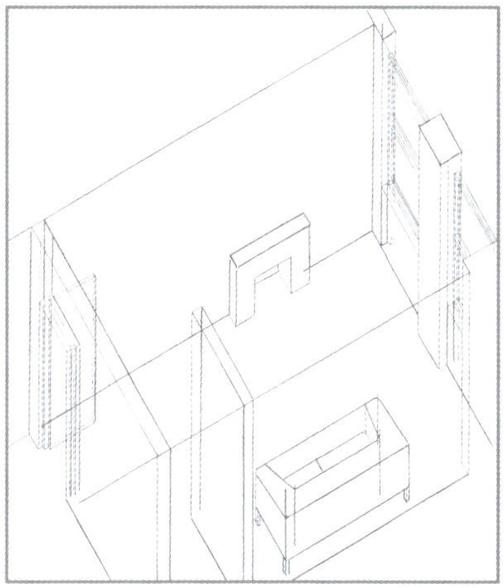

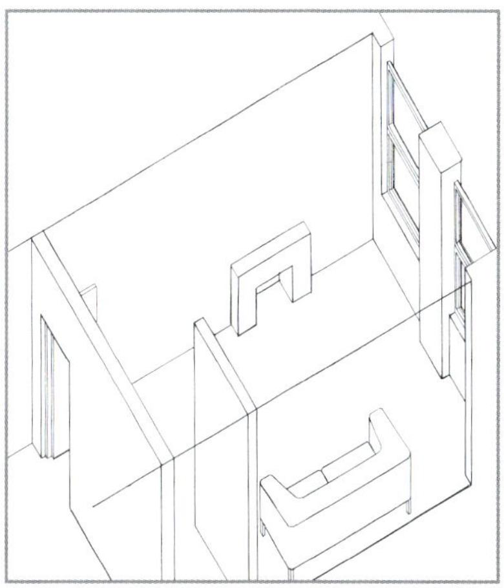

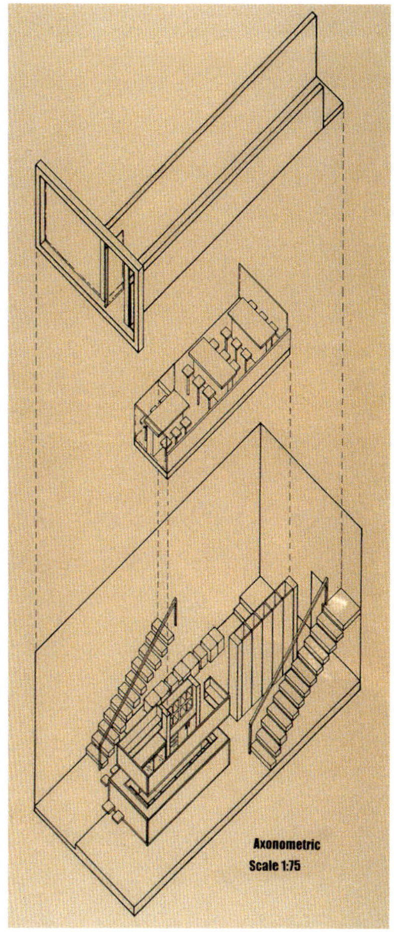

LIVELLI ESPLOSI

Uno schema progettuale di bar è qui esploso in tre differenti aree di attività in uno spazio a doppia altezza. Il piano in alto separa arrivo e facciata, il secondo spazio rivela un'area lounge privata e il pavimento di base accoglie l'area principale del bar.

PROSPETTIVE

Le prospettive forniscono la vista più realistica in termini di disegno tridimensionale perché ci collocano fisicamente all'interno dello spazio, mostrandoci quello che vedremmo nella realtà. La prospettiva si basa sul nostro punto di vista che ha una sua precisa posizione nello spazio e vede quest'ultimo da una data altezza degli occhi. I principi del disegno prospettico si basano pertanto sulla posizione dell'osservatore all'interno dello spazio, e sull'altezza degli occhi.

FASE 1 Impostare la prospettiva

Posizionate la pianta e selezionate l'alzato sul disegno. Lasciate sufficiente spazio tra la pianta e l'alzato per tracciare la prospettiva. Appoggiate un foglio nuovo di carta da ricalco sulla pianta e sulla proiezione verticale e disegnatevi sopra quest'ultima. A questo punto siete pronti per realizzare il disegno in prospettiva.

FASE 2 L'altezza degli occhi

Gli occhi di una persona che sta in piedi si trovano circa a 1,5 m di altezza, ma questo valore si può modificare a piacere, a seconda di ciò che si vuole vedere. In prospettiva, se volete mostrare una porzione maggiore della pavimentazione, dovrete aumentare questa altezza. Se volete mostrare di più di un soffitto, riducete l'altezza come se foste seduti.

FASE 3 La posizione dell'osservatore

Nel disegnare uno spazio in prospettiva, potete mostrare la vista da un lato, dal centro o dal lato opposto dello spazio. Indipendentemente da come volete scegliere questa posizione, essa viene detta punto di osservazione. Decidete quale adottare e segnatela in pianta, estendendo questa linea attraverso la proiezione verticale. La combinazione tra l'altezza degli occhi e la linea che parte dalla posizione dell'osservatore dà il punto di fuga (PF).

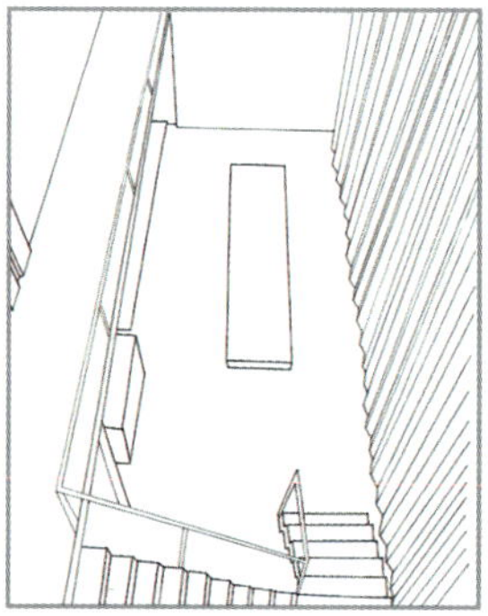

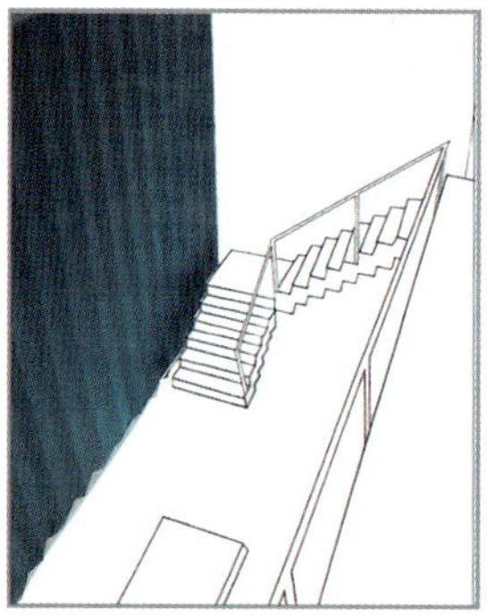

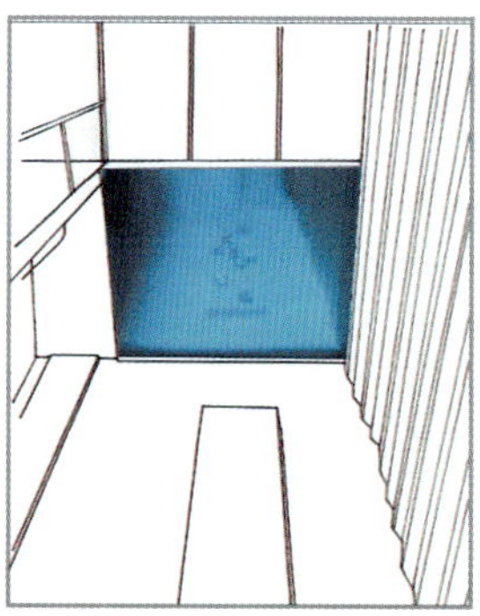

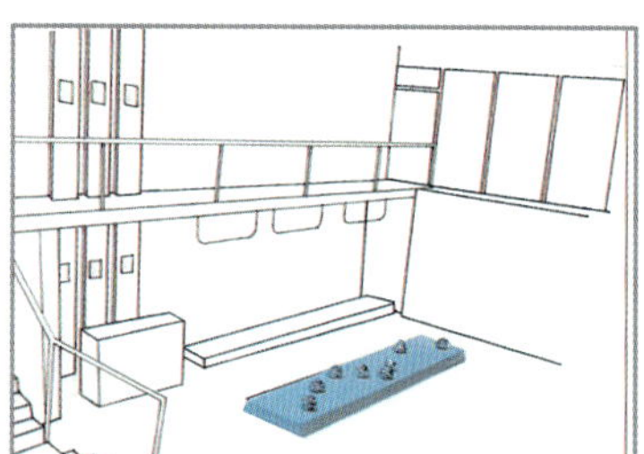

PROSPETTIVE
Una serie di prospettive fornisce differenti punti di vista di un interno per trasmettere la sensazione di uno spazio a doppia altezza.

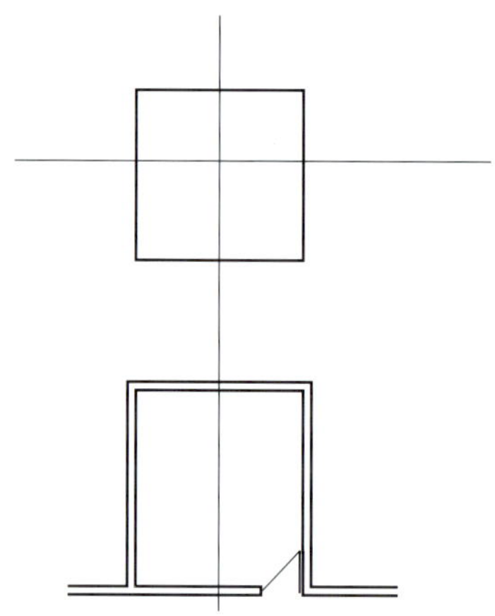

IN PROIEZIONE VERTICALE
L'altezza degli occhi viene fissata al valore desiderato. La combinazione tra altezza degli occhi e posizione dell'osservatore dà il punto di fuga.

IN PIANTA
La pianta mostra la posizione dell'osservatore, con la linea centrale che si estende fino alla proiezione verticale per dare il punto di fuga.

FASE 4 Il cono visivo

Il cono visivo è dato da quanto l'occhio vede. È, pertanto, importante controllare che la posizione dell'osservatore sia corretta. L'osservatore ha un cono visivo di 60 gradi che solitamente viene tracciato a 30 gradi su entrambi i lati della linea che parte dalla posizione dell'osservatore nella pianta. Tutto quello che cade nel cono visivo si può disegnare in prospettiva. Tutto ciò che esce dal cono di visione risulterà distorto.

Su un foglio di carta da lucido separato, tracciate una linea perpendicolare. Su entrambi i lati della linea, disegnate un angolo di 30 gradi. Posizionate il foglio sopra la pianta, lungo la linea che parte dal punto di osservazione. Se volete, potete estendere questa linea all'esterno della pianta, ma il cono visivo deve comprendere tutto quello che volete vedere in prospettiva. Quando lo avete deciso, segnate il punto di osservazione sulla pianta. Usando il PF, tracciate una linea che va da esso fino a ciascun angolo del disegno in proiezione verticale per formare il soffitto, le pareti e il pavimento della vostra prospettiva. Ora siete pronti a disegnare oggetti in prospettiva.

FASE 5 Disegnare un oggetto

Per disegnare un oggetto, avrete bisogno di conoscere la sua larghezza, altezza e profondità. La larghezza può essere presa dalla pianta alla base della proiezione verticale. Collegate questi punti alla base del prospetto con il PF e portateli all'interno della prospettiva. Questa è la larghezza dell'oggetto in prospettiva. L'altezza viene poi tracciata in scala sul disegno in proiezione verticale in uno dei seguenti modi. Usando i punti di riferimento della larghezza dell'oggetto, proiettate le altezze verso l'alto, collegandole con il PF, e poi portatele nella prospettiva. In alternativa, usate l'angolo destro del disegno in proiezione verticale come linea dell'altezza. Misurate l'altezza dell'oggetto in scala lungo questa linea e collegatela con il PF. Portatela nella prospettiva lungo la parete laterale della prospettiva. Con entrambi i metodi, altezza e larghezza sono sempre collegate con il PF e portate all'interno della prospettiva.

La profondità si crea in prospettiva costruendo una linea di misura. Sulla pianta, misurate la distanza tra l'osservatore e la parete dalla quale è presa la proiezione verticale. Trasferite questa misura fuori dal lato del disegno in proiezione verticale. Essa diviene la linea di misura. Collegate la linea di misura con l'altezza degli occhi per formare il punto di misurazione (PM).

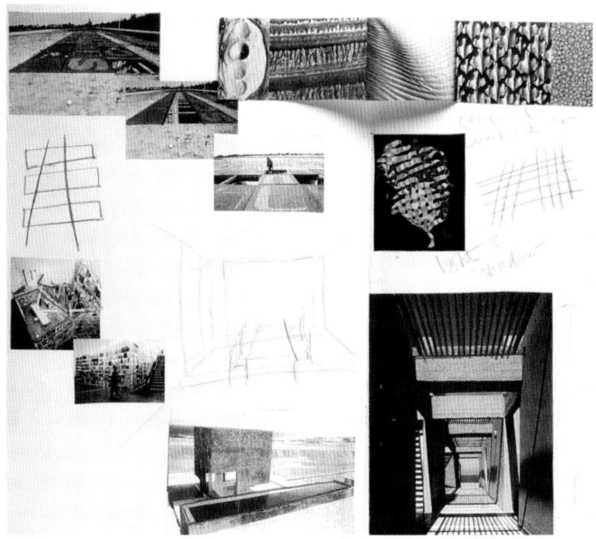

FOTOGRAFIE
Le prospettive fotografiche sono un buon sistema per esplorare l'esatta posizione del punto di fuga.

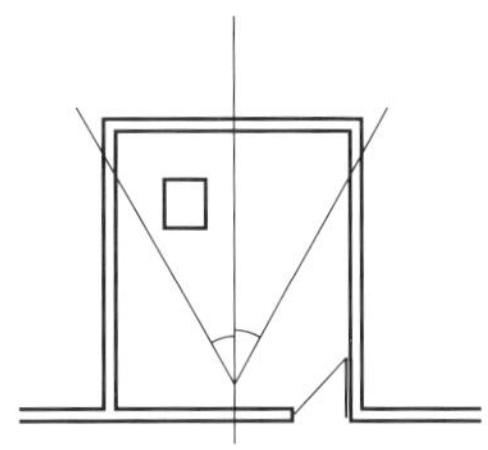

CONO VISIVO
30 gradi su entrambi i lati della posizione dell'osservatore individuano il cono di visione, che demarca ciò che sarà compreso nella prospettiva.

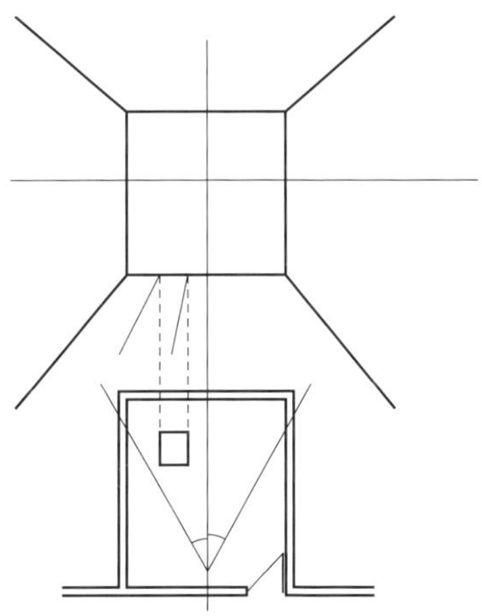

La larghezza dell'oggetto è presa dalla pianta alla base del disegno in proiezione verticale. Collegando questi punti con il punto di fuga porta le linee nella prospettiva.

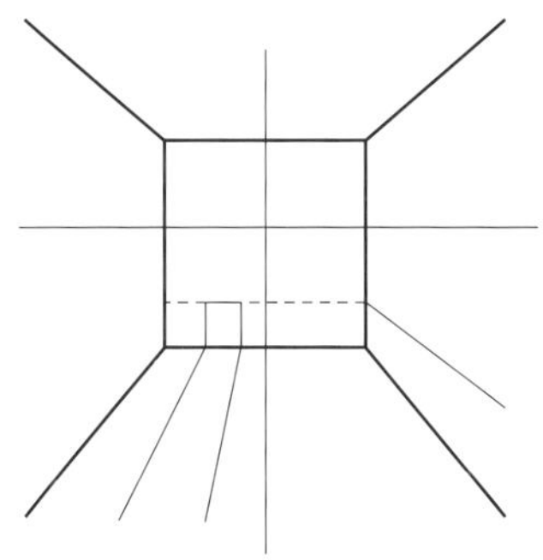

L'altezza è tracciata in scala usando punti di riferimento dati dalla profondità o usando il disegno in proiezione verticale come linea dell'altezza.

Ora misurate la distanza tra l'oggetto e la parete di fondo in scala. Trasferite questa misura sulla linea di misura, partendo dal disegno in proiezione verticale; segnate con una B. Tracciate una linea di costruzione da PM a B e proseguite fino alla parete della prospettiva. Quando la linea di costruzione la tocca, tracciate una linea diritta da questo punto fino a incontrare le linee della larghezza. Ora avete larghezza e profondità in prospettiva.

FASE 6 Aggiungere l'altezza

Per completare la prospettiva, inserite l'altezza. Se avete segnato l'altezza sul disegno in proiezione verticale usando i punti della larghezza, unite tutti e quattro gli angoli dell'oggetto in prospettiva con le linee dell'altezza.

Se avete usato l'angolo della proiezione verticale come linea dell'altezza e portato l'altezza lungo la parete laterale della prospettiva, tracciate linee perpendicolari dai punti di riferimento sulla parete laterale della prospettiva al punto in cui incontrano la linea dell'altezza. Tracciate una linea diritta attraverso la prospettiva e linee che partono da tutti e quattro gli

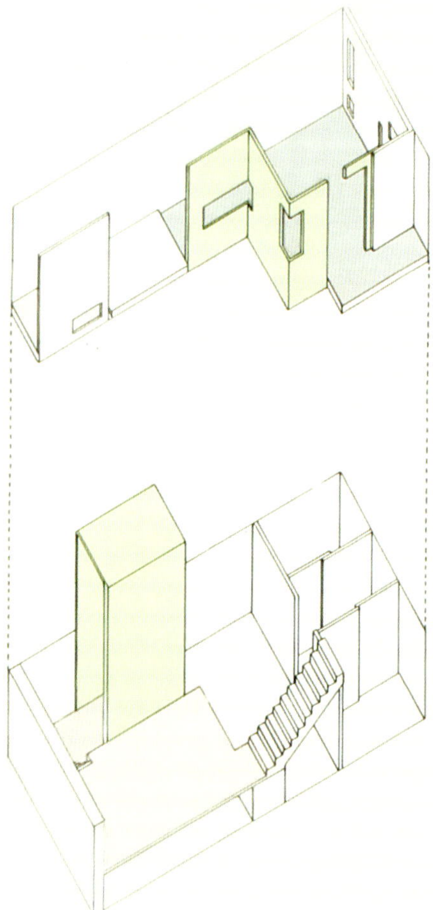

AIUTO VISIVO
Per le loro caratteristche i disegni assonometrici sono simili ai modelli: anch'essi sono una rappresentazione non naturale dello spazio. Se presentate insieme a disegni bidimensionali, le assonometrie divengono importanti aiuti visivi poiché descrivono le proprietà materiali degli schizzi lineari.

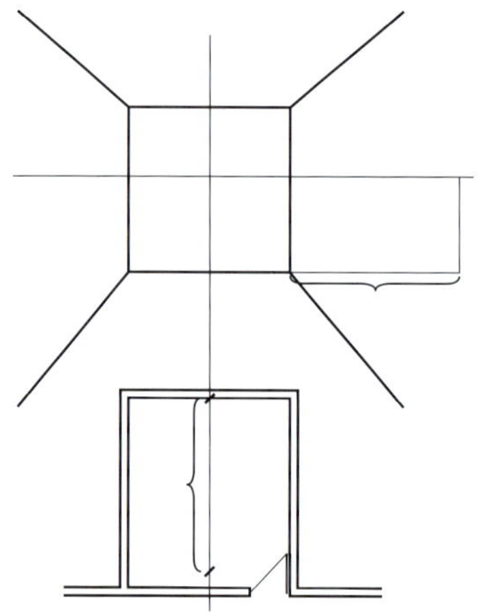

DISTANZA
La distanza tra l'oggetto e la parete di fondo è trasferita alla linea di misurazione.

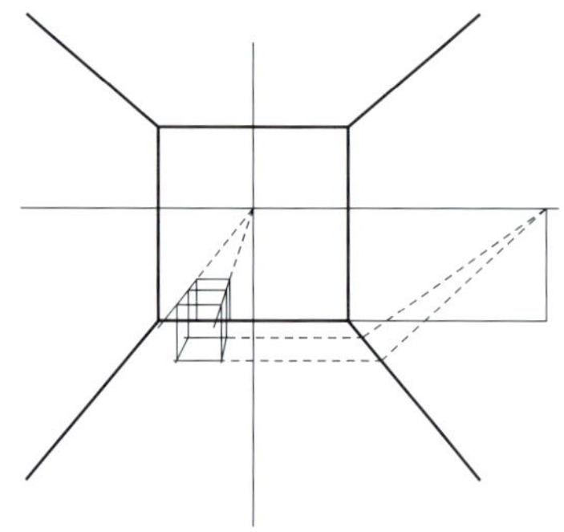

ALTEZZA, LARGHEZZA, PROFONDITÀ
Il punto di fuga è usato per collegare l'altezza e il punto di misurazione fornisce larghezza e profondità.

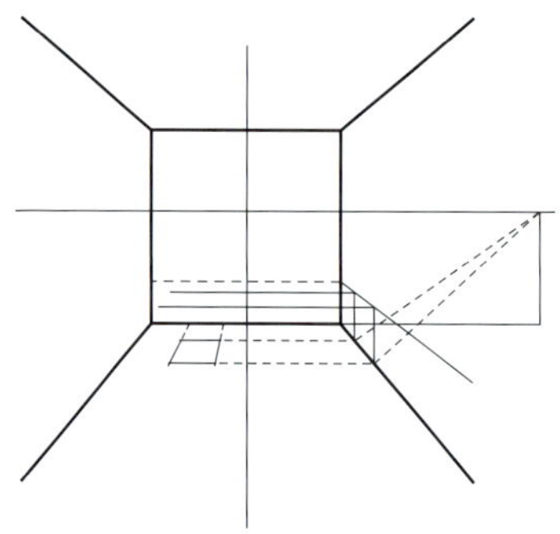

LINEA DI COSTRUZIONE
Una linea di costruzione dal punto di misurazione fino alla prospettiva fornisce larghezza e profondità.

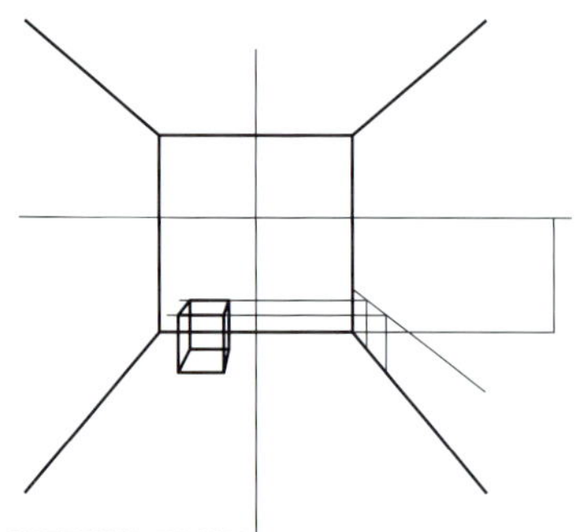

PROSPETTIVA FINITA
Per completare la prospettiva, collegate tutti e quattro gli angoli dell'oggetto con l'altezza in prospettiva.

angoli dell'oggetto e arrivano alle linee dell'altezza. Collegate tutti e quattro gli angoli a questa altezza. Ora dovreste avere l'oggetto in prospettiva.

I principi generali sono validi per la creazione di qualunque prospettiva, che si tratti di uno schizzo veloce o di un disegno accuratamente misurato. Qualunque oggetto o spazio può essere riprodotto sul disegno usando le seguenti regole.

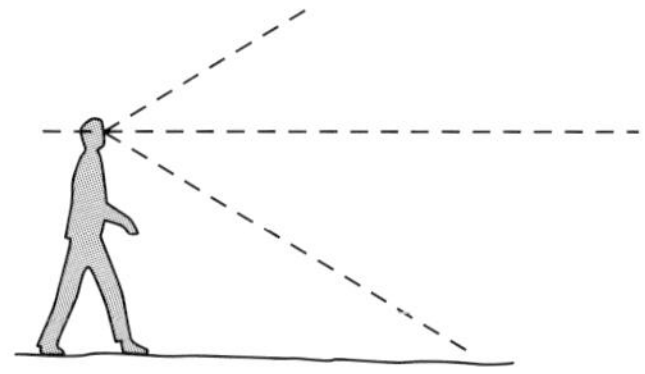

CONO VISIVO
Il cono visivo mostra quanto gli occhi vedono prima che gli oggetti appaiano distorti. Qui il cono illustra quello che si vede stando in piedi.

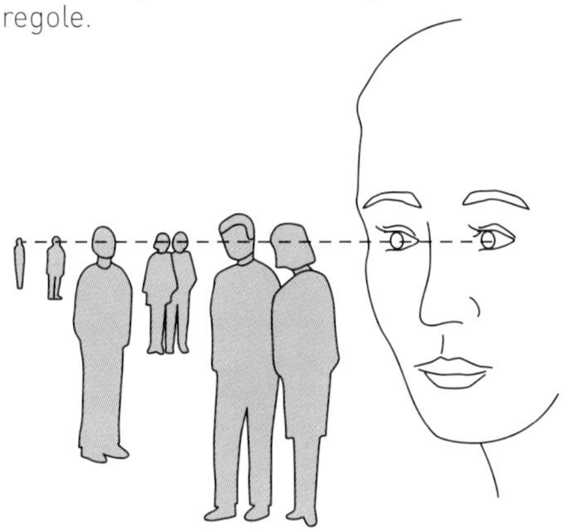

IN PIEDI ALL'ALTEZZA DEGLI OCCHI
Quando si è in piedi, l'altezza degli occhi rimane costante all'interno delle prospettive sia che le persone siano sullo sfondo o nel primo piano del disegno. Gli occhi si trovano allo stesso livello come panni appesi al filo del bucato.

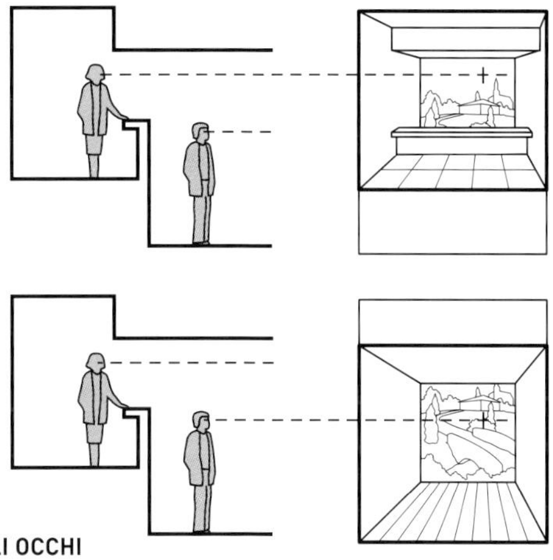

LIVELLI DIFFERENTI
L'altezza standard degli occhi in questo disegno contrasta con un livello di osservazione più alto per fornire differenti viste del medesimo spazio. Dal livello più alto si vede la parte superiore dello spazio. Da quello standard si vede una porzione maggiore del pavimento.

SEDUTI ALL'ALTEZZA DEGLI OCCHI
In posizione seduta, il livello degli occhi è più basso, cosicché si vede una porzione maggiore del soffitto. Quando l'altezza degli occhi si combina con la posizione dell'osservatore, questo determina il punto di fuga prospettico. Tutti gli oggetti si rimpiccioliscono verso l'infinito.

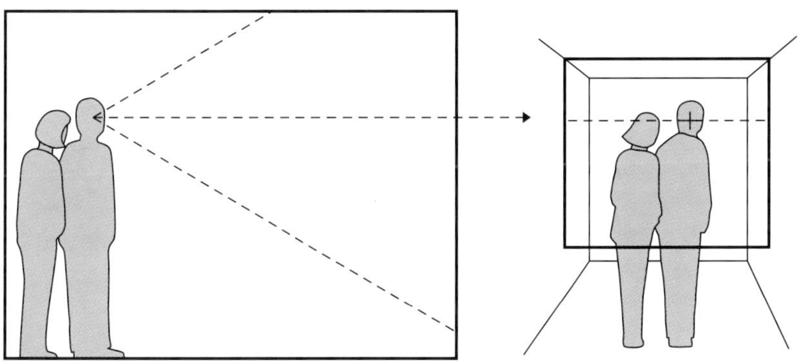

LINEA DELLA VISTA
La linea della vista conduce al punto di fuga via via che il cono si allarga.

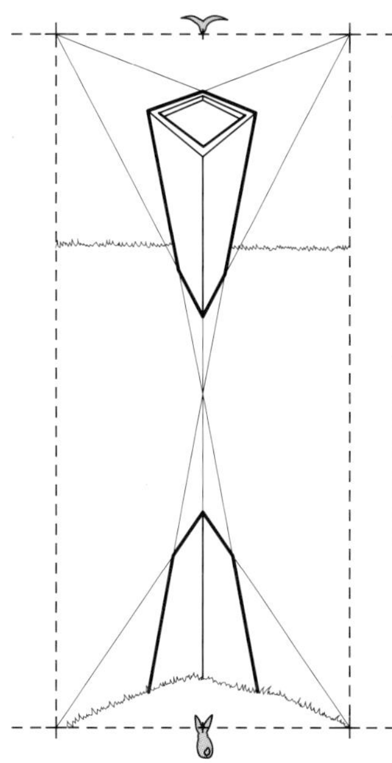

VISTE VERTICALI
In prospettiva gli oggetti possono rimpicciolirsi verso l'alto o verso il basso. Questo disegno mostra un edificio visto dall'occhio di un uccello (da sopra) e da quello di un coniglio (quasi dal livello del terreno).

Unità 12: Progettazione assistita dal computer

OBIETTIVI
- Introdurre i principi basilari del CAD
- Capire il contesto in cui il CAD viene usato
- Comprendere l'uso del CAD nel processo di progettazione

I sistemi di progettazione assistita dal computer (CAD) sono usati per realizzare disegni architettonici e per sviluppare idee all'interno di un processo di design. Gli scopi del CAD sono importanti non solo per tratteggiare idee ma anche per svilupparle e modellarle. Sebbene vi siano differenti sistemi software CAD, questa unità presenterà i principi basilari e le idee applicabili a qualunque di essi. Valuteremo l'importanza del computer come strumento per migliorare e avere soddisfazioni dall'attività di progettazione.

PRESENTARE IL PROGETTO
L'immagine del design dell'ampliamento di un'abitazione incorpora la riproduzione digitale del giardino visto attraverso vetrate scorrevoli.

L'innovazione tecnologica ha trasformato il software CAD da un semplice strumento per disegnare a una tecnologia capace di comunicare le espressioni del design nelle fasi iniziali delle idee progettuali. La tecnologia CAD è in grado di rispecchiare e supportare il pensiero progettuale, di modellare strategie di design e di fornire una più approfondita consapevolezza dello spazio architettonico, tutto ciò dà al designer più possibilità, ne amplia l'abilità individuale di testare forme, colori e viste portando il progetto più vicino alla sua realizzazione.

I designer utilizzano i sistemi CAD per varie ragioni. Il CAD è in grado di creare, manipolare, analizzare e rappresentare le potenzialità del progetto. I computer svolgono calcoli rapidi e complessi, processano informazioni e dati e aiutano ad analizzare il progetto in termini di requisiti economici, funzionali e ambientali. Disegnare col computer fa risparmiare tempo e permette di apportare rapidamente le modifiche necessarie. Inoltre, il computer consente ai designer di utilizzare molte abilità più strettamente collegate al processo di simulazione, producendo un più elevato grado di realismo. Simulazioni di ingresso e movimento nello spazio permettono di sperimentare e visualizzare il significato dei progetti, oltre che di trasmettere queste qualità ad altri.

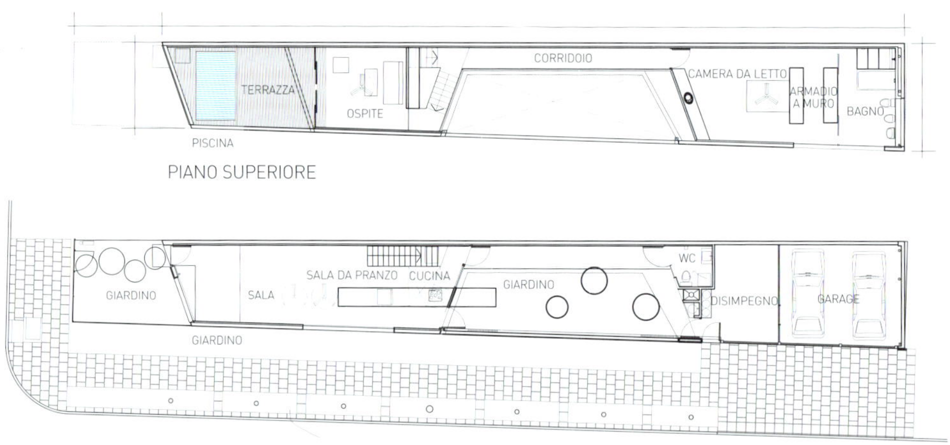

PACCHETTO DI INFORMAZIONI
I disegni CAD consentono ai designer di tracciare, dimensionare e stratificare rapidamente le informazioni per creare un set di disegni.

OGGETTI CAD

Gli oggetti CAD rientrano in due diverse categorie. Il primo gruppo consiste in oggetti bidimensionali, adatti per i disegni in pianta o in sezione. La linea è l'oggetto 2D più semplice di un sistema CAD e quello di uso più frequente. La linea, inoltre, ha la maggiore quantità di attributi e varia per spessore, colore, stile e punti terminali, come le punte delle frecce. Poiché linee differenti possono rappresentare strati differenti all'interno di un disegno, stili e colori entrano a far parte di un sistema che denota servizi o elementi strutturali. Questi simboli del disegno 2D sono utilizzati per rappresentare elementi fissi, impianti ed elementi strutturali e no, come un mobile. Altri elementi includono archi, cerchi, poligoni, forme piane e griglie.

Il secondo gruppo è costituito da oggetti tridimensionali modellati a partire da componenti a due dimesioni (orizzontali) per diventare piani, come gli elementi (verticali) di una parete, un pavimento o un tetto. Il CAD offre anche una varietà di volumi 3D predefiniti quando siano forniti i dati relativi a lunghezza, larghezza, altezza e raggio. In alternativa, le forme si possono disegnare direttamente usando il mouse per portarle alle dimensioni volute. Disegni prospettici e assonometrici sono visualizzati come forme e linee di "reticoli" per definire superficie, forma e volume degli spazi. Con il CAD, questi disegni tridimensionali si possono ruotare per ottenere viste differenti all'interno dello spazio.

QUAL È IL PROGRAMMA ADATTO A VOI?

I software di progettazione assistita dal computer cambiano ed evolvono molto rapidamente via via che i produttori li arricchiscono di nuove caratteristiche o presentano nuovi prodotti. In generale si suddividono in quelli destinati all'interior design e all'architettura professionale e quelli per uso domestico e per piccole attività imprenditoriali.

I programmi professionali comprendono Autocad (il programma maggiormente usato per costruzione e design), Microstation (architettura) e Vectorworks per design e disegno tecnico. Questi e altri simili sono costosi e richiedono addestramento e tempo per essere imparati e sfruttati al meglio.

Per un uso più diretto, in particolare per pianificare e progettare ambienti domestici su piccola scala, i sistemi professionali non sono necessari e risultano troppo complicati. Una ricerca in Internet, indicando "CAD per interior design", individuerà una serie di programmi piuttosto semplici ed economici come SmartDraw o 3Dspacer, che consentono a un utilizzatore poco esperto di realizzare layout e cominciare a impiegare la progettazione digitale. Il software comprende esempi precaricati di locali, mobili e accessori che si possono selezionare e manipolare per adattarli a dimensioni e specifiche.

La ricerca iniziale darà i suoi frutti. Visitate su Internet i siti web dei produttori, fatevi un'idea di quello che i vari programmi sono in grado di fare tenendo conto del loro costo e scegliete in base alle vostre esigenze.

DESIGN FINALE
Questa immagine digitale fornisce la panoramica di uno spazio interno e rappresenta l'essenza del moderno design.

STUDIO ANALITICO 03: Uno spazio flessibile

L'INCARICO
Rimodellare lo spazio vitale esistente aprendo l'interno verso l'esterno in modo che funzionalità e praticità determinino un soggiorno luminoso e spazioso.
Budget: ridotto. Il designer è il cliente e lavora da casa.
Design: Brook Fieldhouse Associates.

Che cosa s'intende per buon design? Un progetto adeguatamente pianificato e studiato può produrre ambienti migliori e più efficaci che si adattano meglio alle esigenze dell'utente. L'importanza di un buon design è messa alla prova sia dalla routine quotidiana sia dagli aspetti pratici e dalle necessità di luce e spazio. Nel caso seguente, il progetto è realizzato apportando lievi modifiche alla pianta già esistente. L'esempio evidenzia l'uso intelligente dello spazio come materia prima fluida e flessibile.

SPAZIO LIVING
Per completare lo stile architettonico dell'appartamento si è optato per un arredo moderno. Un vocabolario progettuale di linee pulite e dettagli semplici evitano ogni confusione visiva.

LA PIANTA
L'intervento principale nella progettazione dello schema riguarda l'unione di due spazi originariamente separati, in modo da poterli usare di più. La pianta mostra chiaramente come siano svolte le attività principali indicando la posizione di mobili, elementi fissi e accessori.

DESIGN MINIMALISTA

Questo appartamento con due camere da letto e affaccio sul fiume proclama l'importanza di uno spazio vitale minimalista, con oltre il 15 per cento del suo volume totale destinato a spazi per riporre, il 75 per cento dei quali chiusi. Il progetto si propone principalmente di creare il maggior spazio flessibile rendendo massimo quello per riporre e conservando le due camere da letto. Poiché il designer lavora da casa, l'esigenza di disporre di uno studio-ufficio diviene il fattore chiave nella riorganizzazione degli spazi interni.

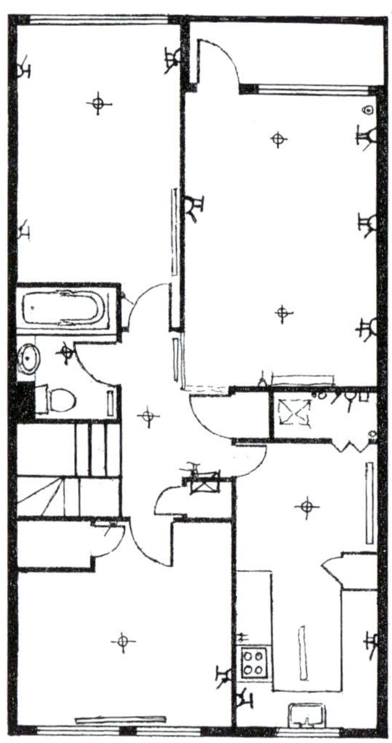

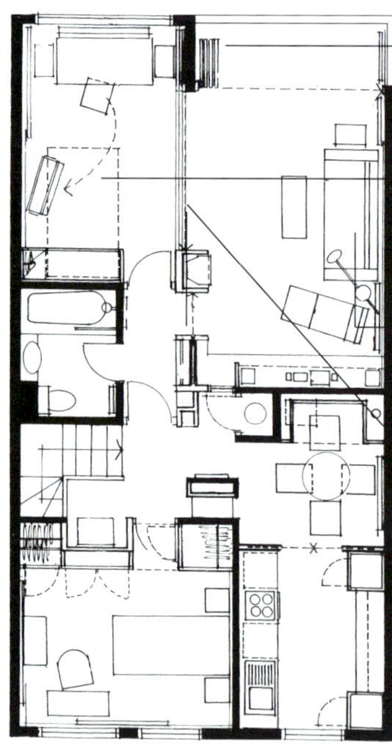

Pannelli a soffitto in vetro consentono di godere di luce e visibilità, raddoppiando lo spazio vitale e collegando l'interno con l'esterno.

Il rettangolo tratteggiato indica la posizione di un letto che, estratto dall'armadio a muro, trasforma lo studio in una seconda camera.

I mobili sono posizionati con gusto e funzionalità, tenendo conto delle viste interne ed esterne per il massimo relax.

La parete mobile rappresenta la soglia tra due spazi, consentendo di passare dall'attività lavorativa del giorno al riposo durante la notte.

SPAZIO APERTO
Le porte del patio sono state sostituite da pannelli in vetro scorrevoli e ripiegabili aprendo l'interno alla vista del fiume.

CARATTERISTICHE PROGETTUALI

È importante riconoscere che spesso i cambiamenti più evidenti apportati a uno spazio non devono necessariamente essere strutturali. In questo caso, il tramezzo tra cameretta e salotto viene abbattuto e sostituito con tre pannelli scorrevoli. Si viene così a creare uno spazio largo 6 m che in pianta forma una L. Lo spazio ricavato è ora in grado di accogliere uno studio, un letto a scomparsa e un angolo pranzo. A seconda dell'attività e del momento della giornata, gli spazi si possono aprire o chiudere per una maggiore privacy.

SPAZIO UFFICIO
La scelta di colori neutri consente agli oggetti di spiccare maggiormente dando una chiara indicazione delle varie aree di attività.

SPAZIO PER RIPORRE
Contenitori e scaffalature sono numerosi per liberare superfici e pavimenti. Sulle librerie a giorno si trovano i materiali d'uso frequente, mentre oggetti d'uso meno frequente (che visivamente potrebbero creare confusione) sono riposti non in vista.

DETTAGLI DELLA PROGETTAZIONE

Per accentuare ulteriormente la sensazione di luce e spazio, i pannelli murali sono retroilluminati e restano sollevati dal pavimento. Le armadiature contribuiscono a mantenere ordinato l'interno e riducono l'accumulo di polvere nell'ambiente. Tutti i lampadari centrali a soffitto sono stati eliminati e sostituiti con applique e lampade da tavolo. Pareti e pavimento sono bianchi per massimizzare lo spazio interno. Gli arredi spiccano maggiormente e definiscono in maniera chiara le aree funzionali.

SPAZIO VERSATILE
Lo spazio minimalista dell'ufficio crea la massima flessibilità e offre una tela bianca per differenti attività di relax/lavoro.

SPAZIO MULTIFUNZIONALE
Di notte, lo spazio si trasforma in una seconda camera da letto.

Pannelli scorrevoli celano gli spazi per riporre l'ufficio e rivelano un letto a scomparsa.

SPAZIO RECEPTION
Quando si ricevono ospiti, le aree ufficio e letto si possono nascondere per fare posto a un versatile ambiente pranzo.

I mobili sono versatili: servono sia per le attività lavorative che per quelle domestiche.

STUDIO ANALITICO 04: Aggiornare il datato

L'INCARICO
Aggiornare un bagno ridisegnandone e ampliandone l'interno per creare uno spazio che sia un paradiso di lusso estetico.
Budget: ridotto. Il cliente è un giovane professionista alla ricerca di un effetto sensazionale.
Designer: Forster, Inc.

Di tanto in tanto, uno spazio interno può perdere il suo vero scopo, diventando meno efficiente e in sintonia con i requisiti dello stile di vita. Nel caso qui descritto, un bagno di noiosa piattezza e vecchio viene riprogettato e reso dinamico, creando un effetto sensazionale per l'abitazione. Fantasiose caratteristiche progettuali e materiali innovativi si fondono per creare e trasformare un bagno essenziale in un sogno di lusso e luce.

UN BAGNO COME ATTICO

Troppo spesso gli spazi d'uso pratico sono realizzati con scarsa immaginazione e senso estetico. Il bagno qui proposto mostra come uno spazio funzionale possa essere del tutto pratico diventando al contempo un attraente punto focale della casa. Il bagno esistente era troppo piccolo; i progettisti hanno deciso di ampliarlo sfruttando la presenza di un ampio corridoio. La creazione di una parete curva ha permesso loro di utilizzare efficacemente lo spazio e di raddoppiarlo come un eccitante particolare di design per l'ingresso dell'appartamento. Nonostante il budget ridotto, il gruppo di progettisti è riuscito a operare una trasformazione radicale per l'intera residenza.

INDIVIDUALITÀ
Creare una caratteristica speciale di design denota innovazione e individualità e inoltre costituisce una soluzione progettuale pratica su misura per le esigenze del committente. La parete curva è costituita da una struttura in acciaio inossidabile che sostiene un doppio strato di lastre trasparenti di materiale acrilico.

MATERIALI E FINITURE

L'utilizzo di materiali moderni e di intelligenti effetti luminosi ha permesso ai designer di testare le loro idee con nuove tecnologie e di collaborare con un gruppo di tecnici specializzati. La parete ricurva è stata realizzata con una struttura in acciaio inossidabile tagliata al laser, con un doppio strato di polipropilene traslucido. Composta da vari pezzi, la parete è stata montata sul posto. Pannelli di pellicola colorata creano un contrasto con il pavimento a mosaico, mentre la parete è illuminata da luci al neon regolabili poste alla base. La copertura in acciaio inox costituisce un ingegnoso dettaglio per celare le tubazioni. L'effetto finale produce un nuovo concetto di "stanza da bagno" sostituendo quest'ultima con una pelle traslucida che risplende giorno e notte. Il cliente nota: "Quando sono nel bagno, mi sembra di essere circondato da un alone. La luce irradia dalle pareti acriliche arancioni e rosse e tutto il bagno risplende".

DETTAGLI METALLICI
La levigatezza e la lucentezza del metallo sono presenti negli elementi fissi e negli accessori. Un dettaglio in acciaio inossidabile cela con una netta finitura le tubazioni della vasca.

INTERAZIONE DEI COLORI
Le pareti azzurre e il mosaico blu del pavimento fanno risaltare la curva della parete, creando sottili contrasti e armonie di colore.

COLORE FLUTTUANTE
Le campiture arancioni e gialle fluttuano all'interno della parete acrilica per creare un ambiente e un effetto fastoso dall'interno dello spazio destinato al bagno.

3 Progetti di design

Questo capitolo fornisce un esame approfondito delle varie fasi di un progetto di design, riunendo tutti gli aspetti che il processo progettuale ha toccato finora, dall'idea iniziale alla presentazione e al suo completamento.

Capacità diverse sono richieste per le fasi esecutive di un progetto: valutare le richieste del cliente, svolgere un'indagine sul posto, redigere una proposta e valutare ciò che è preesistente, pianificare lo spazio e progettarlo. I casi analizzati in questo capitolo forniscono importanti esempi di quale sia la natura e l'ampiezza dell'interior design e illustrano inoltre l'importanza di concepire il progetto come un tutt'uno.

13

14

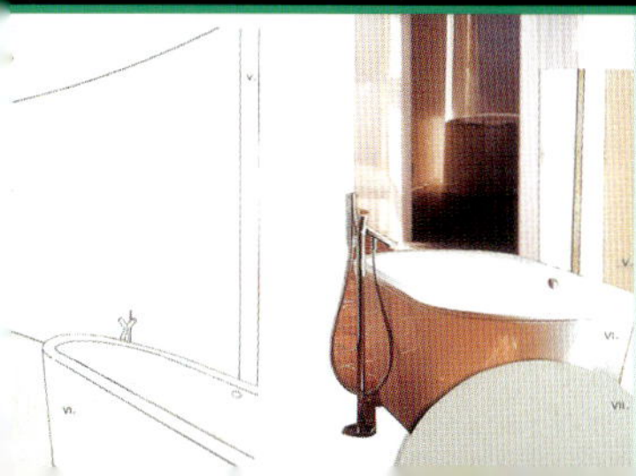

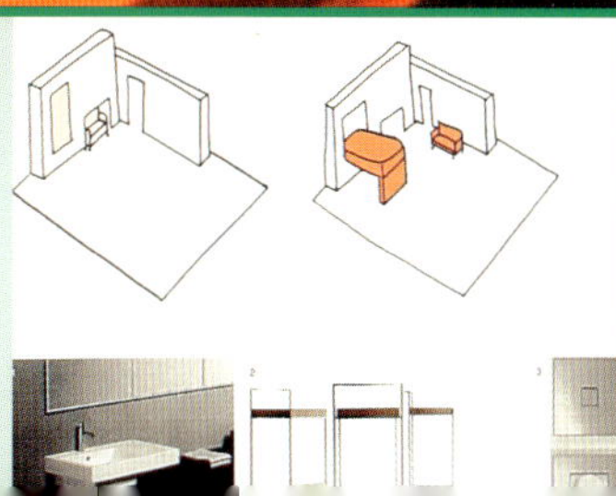

Vedi anche
Unità 01: **Ricerca sul posto e studio degli edifici** (pagina 12)
Unità 04: **Sviluppare un'idea** (pagina 24)

Unità 13: Creare una scheda di lavoro

OBIETTIVI
- Preparare una scheda di lavoro
- Stilare un profilo del cliente
- Lavorare alle richieste del cliente

Lavorare su indicazioni fornite significa lavorare per altri e attenersi a criteri non stabiliti da voi. La scheda plasma il processo progettuale, genera il design finale e aiuta a semplificare e organizzare il progetto in fasi. Molte sono le decisioni da prendere e lo svolgimento non segue mai un percorso rettilineo. Questa unità tratta dei processi legati alla creazione di una scheda informativa mediante una chiara descrizione di quanto si deve fare per definire il compito progettuale.

Le prime fasi dell'elaborazione della scheda di lavoro sono spesso i momenti più creativi di un progetto, nei quali occorre rispondere a molte domande e si stabiliscono i rapporti tra le persone coinvolte. È responsabilità del designer analizzare, valutare e interpretare le complesse informazioni che confluiranno nella scheda. Questo è uno strumento essenziale che definisce i parametri del progetto assegnando priorità a scopi e obiettivi. Spesso un designer considera varie possibilità prima di decidere per un'idea finale o un risultato. Poter contare su criteri progettuali chiari aiuta a valutare le varie opzioni.

PROSPETTIVE COLORATE
La scheda di lavoro per un interno commerciale viene proposta mediante rapidi schizzi concettuali che usano i colori aziendali per riflettere l'identità dell'azienda committente.

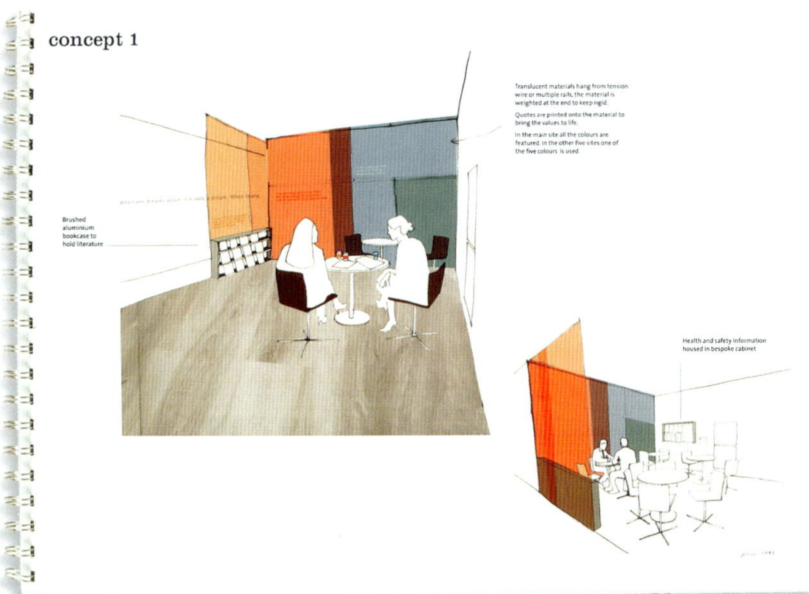

IL PROCESSO PROGETTUALE

Un processo di design ha una sua vita, determinata dalla sua durata, dall'idea iniziale al completamento. Nel creare una scheda di lavoro, il designer passa attraverso una serie di fasi progettuali. La prima coinvolge la valutazione degli elementi esistenti mediante l'ispezione sul posto, la ricerca e la compilazione dei dati relativi. Questa fase identifica i dati o le restrizioni. Questi sono elementi che il designer eredita e che non ha facoltà di cambiare, come la collocazione del sito o le dimensioni degli spazi.

La seconda fase coinvolge l'analisi degli interventi necessari a partire dalle esigenze del committente e la stesura dei passi che porteranno alla realizzazione dell'incarico. In questa fase vanno considerati i desideri realizzabili e quelli impraticabili del cliente. Il designer deve interpretare questi requisiti alla luce dei problemi o delle soluzioni valutati nella fase precedente, per consolidare la scheda.

La terza fase è la sintesi delle due precedenti. Il designer considera i possibili interventi integrando gli scopi pratici e concettuali della scheda. Inoltre inserisce tutte le restrizioni di ordine fisico, economico o legale, di ognuna delle quali si deve tenere conto prima di giungere alla proposta vera e propria.

SCHEDE CONCETTUALI

Nelle fasi iniziali di un progetto, le presentazioni dell'idea aiutano il cliente a visualizzarne lo spirito suggerendo come essa potrebbe trasformarsi in uno schema. Le schede concettuali possono essere sia generali che specifiche, a seconda del cliente e del progetto. Esse aiutano a definire l'incarico inserendo l'idea progettuale in una struttura di scelte e possibilità (vedi Unità 04).

INPUT CREATIVI

Il progetto deve incoraggiare fin dal principio modi di pensare dinamici. Il designer deve essere aperto a soluzioni diverse dalle iniziali e pronto ad allontanarsene per sperimentare altre idee. Investire in creatività all'inizio spesso produce idee interessanti alla fine.

CRITERI PROGETTUALI

Il designer deve essere consapevole delle qualità da realizzare. Ciò lo mette in grado di giudicare quali aspetti del progetto siano buoni o cattivi, indipendentemente dal fatto che l'obiettivo sia pratico o funzionale, estetico, semplice o a contenuto ecologico. I criteri progettuali sono definiti dalla scheda e vanno rivisiti con regolarità per essere sicuri di assolvere il compito assegnato.

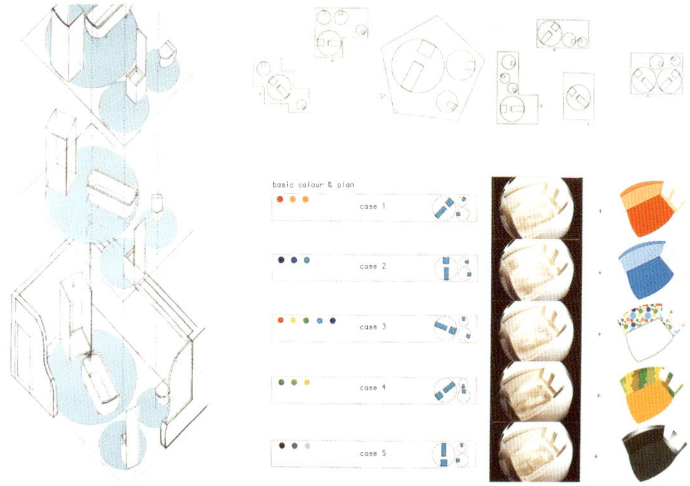

POSSIBILITÀ D'INTERVENTO
Per uno spazio bagno flessibile, si forniscono varie opzioni progettuali.

VISUALIZZARE UN PROFILO AZIENDALE
La scheda concettuale analizza punto per punto il profilo di un'azienda per esaminare il sito, la sua ubicazione, l'identità aziendale e la gerarchia dello staff.

IL PROGETTO

Scegliete un sito e create la scheda di lavoro di un ipotetico progetto. Usate uno spazio o più spazi che conoscete, di lavoro, domestico o in un ambiente pubblico, che vorreste migliorare. Cominciate decidendo la scala del progetto ed elencate tutti i requisiti necessari per il compito progettuale previsto.

Il processo

La scheda di lavoro dovrebbe contenere informazioni sul sito esistente, comprese le eventuali restrizioni, per arrivare a formulare i parametri del compito progettuale. Ora considerate cosa proporre sviluppando la scheda in base ai seguenti interrogativi. Chi è il vostro cliente? Che cosa vuole migliorare? È possibile farlo? In caso affermativo, come? Scrivete la scheda sulla facciata di un foglio. Ora siete pronti a redigere il profilo del cliente.

Vedi anche

Unità 04: **Sviluppare un'idea** (pagina 24)

Unità 14: Redigere un profilo del cliente

OBIETTIVI
- Imparare a capire il cliente
- Costruire un profilo del cliente
- Lavorare sulla base delle richieste del cliente

Comprendere il vostro cliente non significa semplicemente soddisfare le sue richieste. Il cliente potrebbe avere idee e aspirazioni proprie, ma rammentate che è un profano: non è un designer e senza di voi non vedrà mai realizzato il progetto. È compito del designer interpretare e dare al cliente ciò che vuole, il che non sempre corrisponde a ciò che chiede. Imparate a discernere i tratti essenziali del vostro cliente creando un profilo che ne identifichi le esigenze, gli interessi e lo stile di vita.

UN DESIGN PONDERATO
È opportuno che il designer pensi sempre alla forza lavoro nel progettare un ambiente aziendale.

Spetta al cliente indirizzare il designer all'inizio, ma a mano a mano che l'entusiasmo iniziale scema, a volte diventa tradizionalista e diffidente delle novità. Spesso il cliente ha bisogno di essere persuaso e rassicurato che nuove idee producono nuove possibilità di progetto. Siate sensibili alle esigenze del cliente poiché questo rapporto è di capitale importanza per l'intero processo. Tenete aperta la comunicazione. È buona norma predeterminare le fasi di lavoro e rivederle insieme al cliente. Questo permette al designer di evitare d'imboccare la strada sbagliata, che risulterebbe onerosa sia in termini economici che di perdita di tempo. Una ricerca approfondita può aiutare a pianificare e identificare le principali aree d'attenzione per il cliente.

Cominciate scrivendo un profilo del cliente. Elencatene le richieste e ordinatele a seconda delle priorità in una tabella di esecuzione dei lavori. Tenete un diario di tutti gli incontri, in modo da registrare tutti i cambiamenti o le modifiche. Rendete

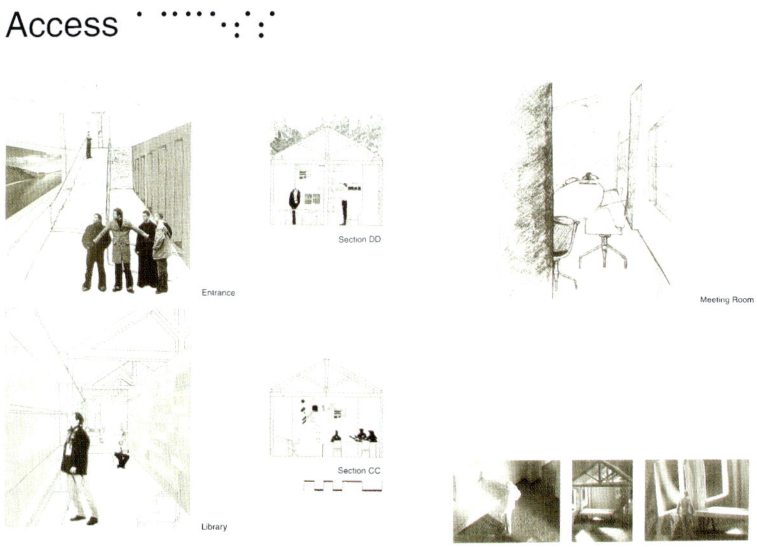

RICHIESTE DEL CLIENTE
La scheda concettuale qui sopra riportata illustra le richieste dell'utente di una galleria e considera l'accesso ai disabili. La scheda a sinistra mappa i ricordi personali di un cliente.

il cliente partecipe del processo. Preparatelo a quello che succederà, perché cambiare non è sempre facile. Quando è necessario rivedere la situazione, mettete per iscritto eventuali cambiamenti e fateli firmare. In questo modo si evitano disaccordi e dispute, e committente e designer hanno modo di conoscere esattamente le loro posizioni. Date al vostro cliente l'opportunità di descrivere le idee che ha immaginato per lo spazio in questione. Potrebbe essere utile mostrare una serie di spunti sotto forma di immagini e scoprire quali tipi di idee sono da preferire e perché. Fate in modo che il cliente indichi le sue esigenze in ordine d'importanza.

IL PROGETTO

Inventatevi un cliente immaginario o, ancora meglio, scegliete un amico per crearne un profilo. Immaginate di progettare uno spazio residenziale per il vostro cliente. Preparate un elenco delle domande che volete porgli e siate pronti a considerare idee diverse dalle vostre.

Il processo

Dopo avere creato un cliente realistico, dovrete scoprire che cosa vi richiederà. Cominciate stendendo un profilo del cliente. Individuate tutte le informazioni rilevanti e indicate età, sesso, occupazione, condizione economica e notizie su stile di vita, interessi e hobby. Le richieste più importanti generalmente sono determinate dai valori dello stile di vita. Se il cliente è giovane, single ed è un professionista, il suo stile di vita sarà diverso da chi ha una piccola famiglia. Tirate alcune conclusioni dal profilo del cliente; esse formeranno le basi per progettare il vostro intervento nella Unità 16.

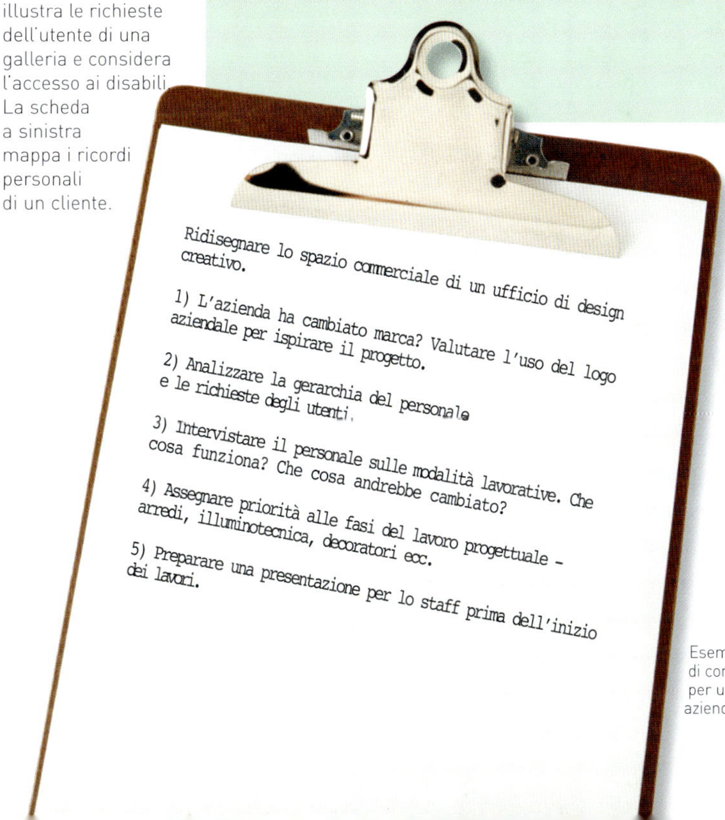

Esempio di lista di controllo per un cliente aziendale.

Vedi anche
Unità 13: **Creare una scheda di lavoro** (pagina 70)

Unità 15: Redigere una proposta progettuale

OBIETTIVI
- Imparare a formulare le idee
- Redigere una proposta progettuale
- Applicare la comprensione dei criteri progettuali

La proposta progettuale è l'esposizione della missione che guida lo schema di progetto. Essa permette al designer di formulare le idee in una strategia, di affrontare e risolvere problemi progettuali e di spiegare cosa spera di raggiungere sfruttando al massimo le qualità di uno spazio interno. In questa unità, sarete introdotti alla scrittura di una proposta progettuale e alla riflessione su metodi e capacità coinvolti nel processo.

GESTIRE LE ASPETTATIVE
Anche se la proposta segna l'inizio del progetto, il cliente si aspetta di vedere il prodotto finito, perciò assicuratevi che la presentazione sia di alto livello.

La proposta è uno scritto che definisce scopi e obiettivi di uno schema progettuale delineando i parametri del compito. Questo è determinato in massima parte dalla scheda informativa iniziale e dalle richieste del cliente. La proposta dovrebbe illustrare che cosa intende fare il designer sulla base dei suoi criteri di progettazione.

Prima di cominciare a scrivere la proposta, compilate una lista di controllo delle preesistenze delle quali dovete tenere conto. Accertatevi di includere tutto ciò che è presente nel sito, anche se intendete modificarlo. Poi elencate gli elementi che volete eliminare e quelli che volete introdurre. Questi elenchi permettono di confrontare ciò che esiste con quello che intendete proporre. Ora valutate di nuovo le priorità e le richieste del cliente. Il vostro progetto risponde ai criteri con i quali state lavorando? In tal caso, siete pronti a scrivere la vostra proposta, evidenziando la vostra strategia per lo spazio.

Cominciate a scrivere la proposta presentando il progetto e spiegando il cosa, il dove, il quando, il perché e il come del cambiamento che l'interno subirà. Spesso è buona norma suddividere la proposta in paragrafi preceduti da titoli. Dapprima indicate la posizione del sito e fornitene la descrizione. Potete includere fattori importanti emersi dalla ricerca sul posto che potrebbero rivelarsi considerazioni centrali per la progettazione, oltre a qualsiasi analisi costruttiva o strutturale. Continuate poi elencando le istruzioni (fornite dal cliente) e l'analisi della scheda informativa (interpretata dal designer). Questo fornisce i criteri progettuali e dimostra che avete considerato i fattori principali che governano l'intera strategia di design. Dopo aver elencato i vari punti, identificate l'idea spiegando come si tradurrà in un progetto per fasi. Queste ultime devono comprendere le risposte iniziali alle indicazioni e alle idee progettuali oltre che lo sviluppo del progetto. È opportuno che la proposta sia corredata da diagrammi, schizzi e disegni (ove possibile e rilevante) per mostrare come si giungerà allo schema finale. Ricordate che una proposta progettuale convincente deve avere un buon impatto visivo ed essere pratica.

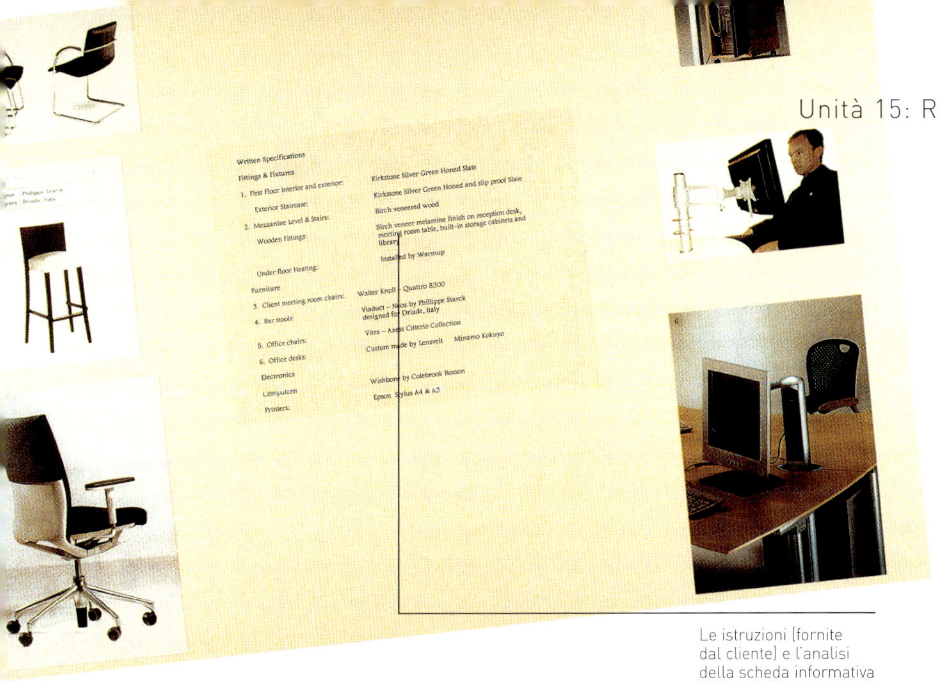

Le istruzioni (fornite dal cliente) e l'analisi della scheda informativa (elaborata dal designer) determinano i criteri progettuali.

IL PROGETTO

Passate ora all'Unità 16 *Pianificare il progetto*. Usando il "profilo cliente" della Unità 14, sintetizzate la proposta progettuale su un foglio di carta. Assicuratevi di inserirvi quante più informazioni possibili seguendo i suggerimenti qui di seguito riportati.

Lista di controllo del processo

FASE 1 Identificare le preesistenze e proporre elementi per il progetto.

FASE 2 Rivedere la scheda di lavoro e stabilire le priorità del cliente.

FASE 3 Sviluppare la strategia di design in risposta ai criteri di progetto.

FASE 4 Identificare l'idea progettuale.

FASE 5 Illustrare la proposta.

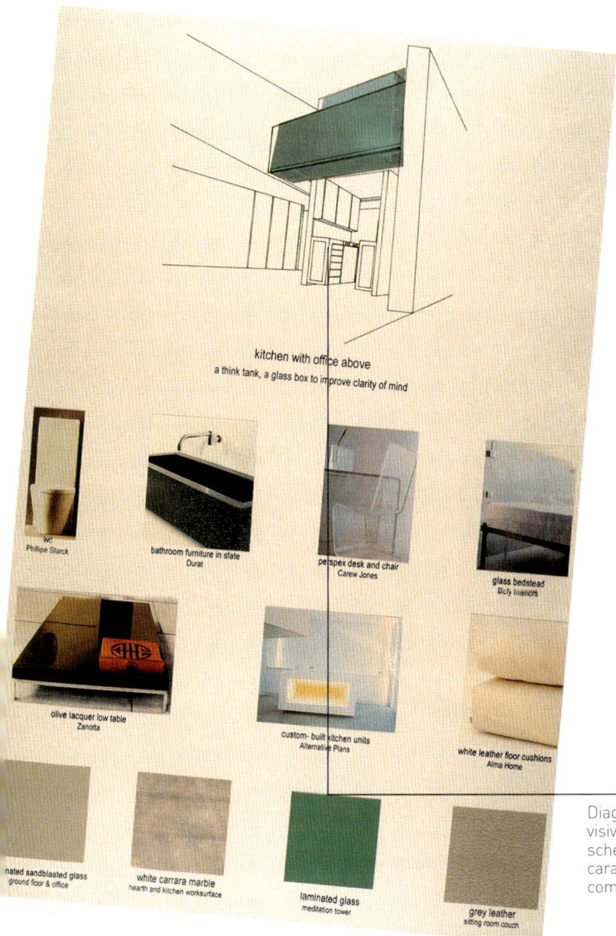

Diagrammi, schizzi e disegni forniscono visivamente un'idea di come si raggiungerà lo schema finale. Se possibile, indicate qualunque caratteristica progettuale in grado di influire su come viene sperimentato lo spazio.

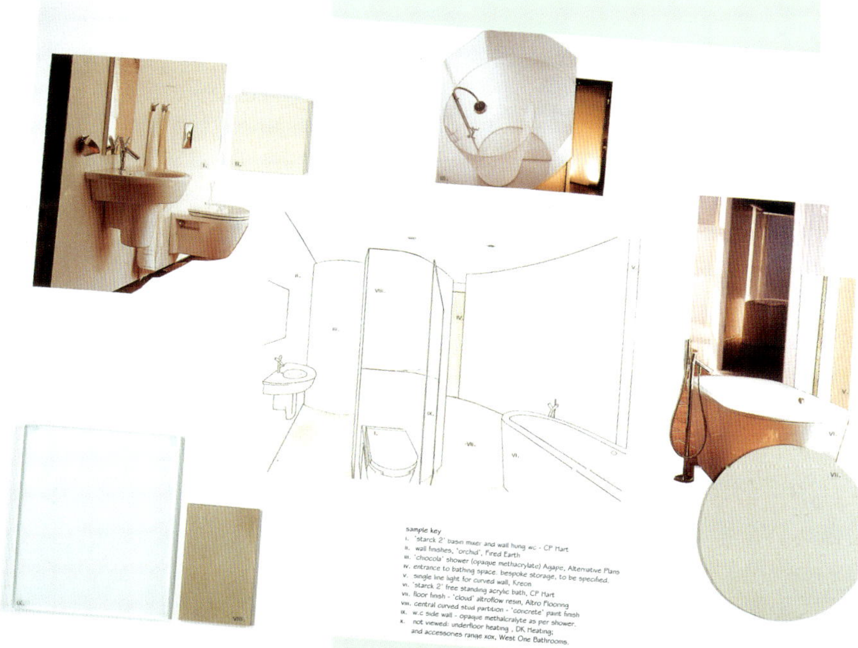

IL CLIENTE DEV'ESSERE CONVINTO

Un'idea o un concetto forti devono essere illustrati per convincere il cliente in fase di proposta.

Vedi anche

Unità 11: **Disegno assonometrico e prospettico** (pagina 54)
Unità 14: **Redigere un profilo del cliente** (pagina 72)
Unità 15: **Redigere una proposta progettuale** (pagina 74)
Unità 18: **Materiali per edilizia** (pagina 90)
Unità 25: **Creare un campionario** (pagina 112)

Unità 16: Pianificare il progetto

OBIETTIVI
- Imparare a pianificare uno spazio interno
- Lavorare in base a una serie di istruzioni
- Creare una cartella di campioni

Pianificare le idee allo scopo di creare uno schema progettuale è forse il compito più rimunerativo che un designer deve affrontare. Qui è l'input creativo ad avere la massima efficacia, qui le idee divengono una potente realtà. Questa unità vi consentirà di riunire tutto il know-how sviluppato nei precedenti capitoli e vi aiuterà ad applicare e realizzare le vostre capacità sotto forma di progetto definito.

I diagrammi a bolla trasformano le idee concettuali in possibilità di pianificazione. Essi aiutano a descrivere le posizioni delle attività spaziali e i loro spostamenti.

PROCESSO CONCETTUALE

Nel pianificare uno spazio interno, è opportuno utilizzare tutti i dati progettuali disponibili. Cominciate con lo stabilire le dimensioni del compito, compresa la scala del progetto, i requisiti del cliente, l'importanza di qualunque caratteristica progettuale che pensate di includere e le sue conseguenze. Delineata la portata del progetto, cercate di valutarne le potenzialità eliminando qualsiasi problema. È importante soppesare i pro e i contro al fine di stabilire un approccio visivo convincente alle considerazioni e alle decisioni del progetto.

DELINEARE LA FASE PROGETTUALE

Elencate le priorità del progetto per disporre di un valido punto di partenza. Potreste cominciare da un'idea vaga, come creare uno spazio luminoso e ampio e poi cercare di definire più in dettaglio che cosa potrebbe significare in termini di design. In alternativa, potete concentrarvi fin dall'inizio su un'idea specifica, come creare spazi nascosti per riporre gli oggetti, in modo da considerare lo spazio nella sua globalità. Quale che sia il vostro punto di partenza, dovreste cominciare con gli interventi che corrispondono meglio alla pianificazione scelta.

Il colore usato come artificio architettonico illustra le possibilità dei componenti architettonici aggiunti a uno spazio interno.

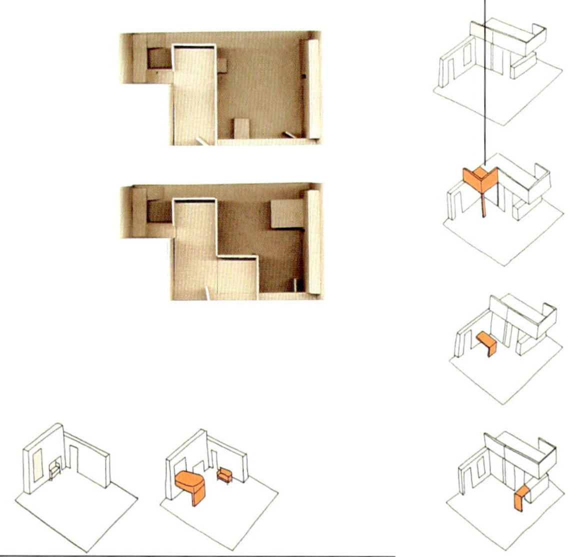

MODELLI E ASSONOMETRIE
Una serie di disegni assonometrici esplora le idee di pianificazione di uno spazio abitativo, mentre i modelli aiutano a valutare i rapporti tra i materiali. Aggiungendo componenti architettonici in maniera incrementale, il designer è in grado di valutare rapidamente le possibili soluzioni per la pianificazione di uno spazio interno.

Referenze chiare per i prodotti e campioni dei materiali aiutano a illustrare l'aspetto e la sensazione dello schema ideato nelle fasi iniziali della pianificazione.

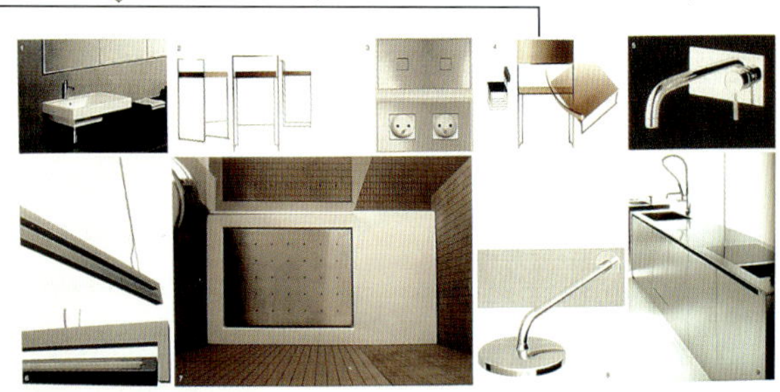

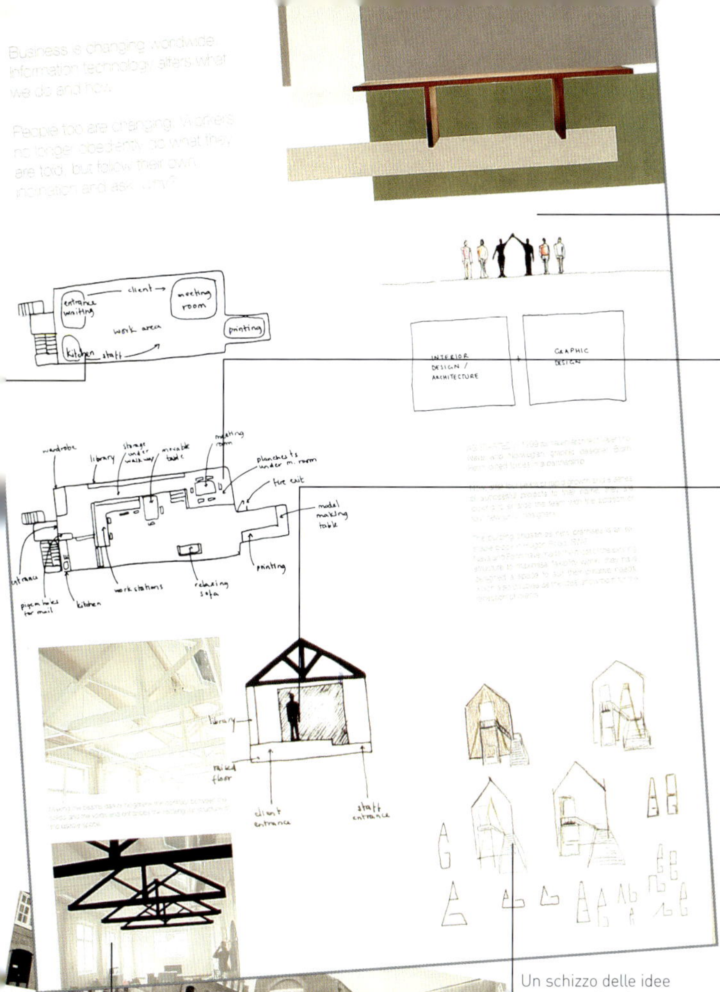

Creare una proposta progettuale è vitale per guidare le fasi del design e permettervi di riunire e applicare la ricerca progettuale a un dato schema di progetto.

I diagrammi sono ottimi sistemi per pianificare e trovare le idee. Schizzi e annotazioni aiutano ad analizzare idee e considerazioni progettuali.

Una figura in scala in uno schizzo spesso evidenzia importanti considerazioni ergonomiche nell'innalzare un pavimento o nell'abbassare un soffitto.

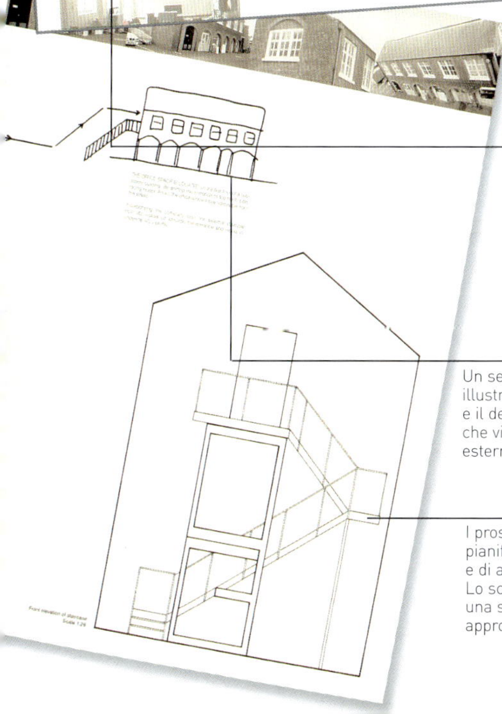

Un schizzo delle idee consente di arrivare a conclusioni diverse e fornisce una comprensione migliore del risultato che si cerca di ottenere.

Le fotografie del sito sono estremamente utili per elaborare idee e per studiare i dettagli e le caratteristiche architettoniche di un dato luogo.

Un semplice disegno lineare illustra il prospetto frontale e il design finale della scala, che viene aggiunta alla facciata esterna dell'edificio.

I prospetti permettono di pianificare il modo di avvicinarsi e di accedere a un edificio. Lo schizzo iniziale considera una scala diritta per un approccio più lineare.

PIANIFICAZIONE

Un buon sistema per definire la posizione delle attività o delle varie zone è creare un diagramma a bolle, poco accurato, ma che illustra la posizione degli spazi e ne descrive dimensioni e rapporti con altri spazi. Per esempio, una zona per attività pratiche potrebbe essere indicata da una bolla più grande rispetto a un'area non funzionale. Potreste collocare questi spazi uno accanto all'altro per mostrare le reciproche influenze. La gerarchia spaziale è importante in fase di pianificazione e questo ripropone l'esigenza di assegnare le priorità ai criteri progettuali.

IL PROGETTO

Scegliete uno spazio in casa vostra che pensate di riprogettare: può essere funzionale o pratico come il bagno o la cucina, o di relax come un salotto o una camera da letto. Scegliete uno spazio che pensate possa essere migliorato; questa sarà per voi una sfida più impegnativa.

FASE 1 Svolgere il rilievo

Esaminate lo spazio scelto e fatene un modello in cartoncino in scala 1:20 o 1:50. Considerate tutte le caratteristiche che influiranno sul progetto, come la posizione delle fonti di luce, le entrate o le aree di passaggio. Una volta resivi conto delle possibili restrizioni, considerate se potete cambiare queste limitazioni o se dovrete tenerne conto.

FASE 2 Pianificare lo spazio

Usando il profilo del cliente dell'Unità 14 e la proposta progettuale delineata nell'Unità 15, fate uno schizzo dello spazio. Se state creando un ambiente funzionale, dovrete decidere la posizione dei servizi e il modo in cui le varie attività saranno supportate. Se state creando un ambiente destinato al relax, potreste voler considerare le fonti di luce per massimizzare viste e luminosità. Alternate sempre disegni e modelli in modo da sviluppare una comprensione delle qualità fisiche e spaziali delle vostre idee.

FASE 3 Preparare la presentazione per il cliente

Quando sarete soddisfatti del progetto, disegnate la pianta definitiva e create una vista assonometrica o prospettica dello spazio. Attraverso il disegno illustrate i differenti materiali e colori che intendete usare. Completate il progetto con una cartella di campioni di tutte le finiture, gli elementi fissi, gli accessori, gli elementi illuminanti e gli arredi a cui avete pensato.

STUDIO ANALITICO 05: Un negozio al dettaglio

L'INCARICO
Creare un interno direzionale che rifletta un atteggiamento contemporaneo nei confronti della moda.
Budget: ridotto. Il cliente è il proprietario di una boutique che ha un approccio assai personale all'abbigliamento di moda.
Design: Forster, Inc.

La moda è un grosso affare. In un clima dove la concorrenza è sfrenata, i creatori di moda richiedono ambienti altrettanto stimolanti per presentare le loro più ultime creazioni. Il negozio rappresenta la soglia per entrare nel mondo della moda, e la sua vetrina ci fornisce l'opportunità di sbirciare in quell'universo. Il caso analitico trattato esamina l'ambiente del design commerciale e l'importanza di design ed esposizione. Disporre di un prodotto confezionato fornisce un eccellente punto di partenza per il linguaggio del progetto e un vitale punto finale per uno schema progettuale.

L'IDEA PROGETTUALE

L'opportunità di collaborare con un altro designer è sempre interessante perché consente di unire risorse e idee in un proficuo scambio. In questo caso, il team di progetto è stato in grado di lavorare con importanti marchi della moda che hanno ispirato l'idea dello schema progettuale. È stato inoltre importante fornire un'ambientazione attraente che valorizzasse i capi d'abbigliamento senza farli passare in secondo piano.

INCORNICIARE LA VETRINA
La vetrina del negozio funge da eccitante soglia tra i differenti mondi dell'interno e dell'esterno. Grandi lettere sono applicate direttamente sulla vetrina, appoggiate sulla parte inferiore in modo da lasciare libero il resto. Il nome del punto vendita va così a incorniciare i capi esposti all'interno.

USO DELL'ILLUMINOTECNICA
Effetti di luce ben studiati creano particolari sottolineature. Il lucernario sul fondo del negozio attira i clienti verso i camerini di prova e la cassa. Luci regolabili creano caldi aloni attorno agli attaccapanni-albero e fasci di luce si riflettono sul lucido pavimento di cemento.

STRATEGIA PROGETTUALE

Una considerazione progettuale fondamentale è stata l'esposizione dei capi, oltre al design dell'attrezzatura e degli accessori. Utilizzando il bianco in tutto lo spazio, i designer hanno potuto creare appendiabiti a forma di albero con tubi di acciaio verniciati in color cipria e posizionarli in modo da risultare punti focali nello spazio. Specchi a tutta altezza adeguatamente piazzati moltiplicano il riflesso degli appendiabiti trasformandoli in una sorta di foresta alberata. Ognuno prevede tre livelli di aggancio dei capi per aumentare la possibilità di esposizione della merce.

Il banco della cassa è sia funzionale che scultoreo. Realizzato in fibra, dipinto a spruzzo di bianco e rifinito con un top in laminato, presenta elementi impilabili e flessibili a seconda delle esigenze del personale.

MATERIALI E FINITURE

L'interno ricorda quello neutro di una galleria, dato che i progettisti volevano giocare con un semplice schema bianco aggiungendovi texture e ricchezza. Una parete è perlinata in modo da dare un effetto ondulato, mentre le altre sono semplicemente rasate a gesso e dipinte di bianco. Ovunque, le finiture della vernice vanno dal lucido all'opaco con effetti variabili. Il camerino è costituito da un binario circolare da cui pende una semplice tenda in plastica. Un tramezzo in legno dolce è ricoperto con un tappeto bianco felpato per conferire una texture diversa all'interno e nascondere il magazzino. L'effetto tutto bianco si ritrova infine sul pavimento, in cui la lucida superficie del cemento si tramuta in una pozzanghera di luce. Le luci alogene piazzate sopra gli appendiabiti sottolineano la suddivisione delle zone. In questo interno, le sfumature del bianco e la mescolanza delle texture creano uno schema sofisticato che fa da sfondo all'esposizione di capi di moda per uomo e per donna.

AVVENTURE CON GLI SPECCHI
L'illusione di una "foresta della moda" è creata con l'utilizzo di specchi che raddoppiano il paesaggio interno e creano allegria e una vista piacevole.

MASSIMIZZARE LO SPAZIO ESPOSITIVO
Le strutture espositive sono staccate dalle pareti in modo da aumentare la profondità dell'interno sfruttandone l'altezza. Appendiabiti-albero color cipria si alzano dal pavimento verso il soffitto, con tre livelli di esposizione. I capi sono appesi a intervalli regolari in modo da facilitarne la ricerca.

UN CANOVACCIO GREZZO
Luci, tessuti d'arredamento e texture creano morbide zone bianche destinate ai camerini. Prive di colore e sovrapposizioni, sono l'ambiente ideale per provare gli indumenti.

Gli specchi sono usati sopra il punto cassa e attorno agli appendiabiti per accentuare l'interno ampliando la sensazione di spaziosità e luminosità.

Il banco della cassa realizzato su misura ha un design che ne assicura la funzionalità ma lo rende anche importante complemento estetico dell'interno.

STUDIO ANALITICO 06: Un Caffè

L'INCARICO
Progettare un "grezzo" guscio industriale e creare un'identità di marca per una catena di Caffè già esistente.
Budget: da ridotto a medio. Il cliente è un imprenditore che possiede una catena di Caffè.
Design: Forster, Inc.

Il design di ambienti commerciali richiede un'ottima conoscenza di varie e complesse dinamiche. Il progettista deve tenere conto sia del committente, che mira a realizzare un guadagno, sia del consumatore, intenzionato a spendere, dando, nel contempo, evidenza e riconoscibilità alla marca. Lo studio di questo caso illustra un particolare approccio alla progettazione di un interno commerciale. Qui, elementi di design vecchi e nuovi si combinano per creare un ricco vocabolario progettuale. Le caratteristiche architettoniche eredità di un vecchio sito si integrano con successo con nuove idee di design, dando vita a un Caffè dallo stile rilassato ed eclettico.

ETHOS PROGETTUALE

Il team di design, che ha lavorato a stretto contatto con il cliente per la ristrutturazione di altri due Caffè, ha considerato l'intervento un'occasione di rinfrescare, sviluppare e ridefinire l'identità del marchio in modo da poterlo applicare alle nuove location. I siti sono stati scelti sia per il carattere architettonico che per la posizione nel quartiere culturale della città. Pensato come punto d'incontro per giovani professionisti che lavorano in settori creativi, il Caffè offre un ambiente allegro e fuori dal comune nel quale rilassarsi.

Le grandi vetrate della facciata rivelano la doppia altezza dello spazio all'interno e creano viste panoramiche sia per i clienti che per i passanti.

PRIMA IMPRESSIONE
In conformità con l'aspetto "svuotato" dell'interno, la facciata del Caffè si presenta in maniera molto informale con un'apparente assenza di identità commerciale. Privo di loghi in vista, il Caffè usa lo spazio interno per reclamizzare un suo marchio di rilassatezza, per pause più o meno lunghe.

CONCEPT PROGETTUALE

Il cliente intendeva preservare il carattere scabro e industriale dello spazio a doppia altezza, con lo scopo di massimizzare la varietà e il numero di posti a sedere al suo interno. Divani e sedie di seconda mano qui si accompagnano a tavoli e ripiani su misura per una soluzione rispettosa dei costi. L'eclettismo dello stile si riflette anche su materiali e finiture. Superfici intonacate collegano gli elementi di raffrescamento, mentre tracce di vecchie intonacature fanno da sfondo a emozionanti soluzioni luminose. Le strutture d'acciaio verniciato a forma di stella fungono da armature per i paralumi realizzati con bicchierini da caffè. Alcuni dettagli ravvivano l'ambiente nel suo complesso, come i tavolini in laminato da 25 mm colorato che creano strisce di colore. A completare il look, un robusto ripiano in noce funge da rivestimento alla struttura del bar in cemento, creando una nota di design centrale nello spazio.

I paralumi delle lampade del Caffè sono elementi visivi e architettonici che mettono in risalto l'altezza del soffitto pendendo da strutture stellate in acciaio a formare un ambiente intimo. Visti dall'esterno, essi fungono da elementi decorativi ravvisabili dietro la parete vetrata

Le aree di servizio sono progettare in modo da consentire ampia libertà di movimento, grande praticità ed efficienza del personale.

ORGANIZZAZIONE IN BASE AL COLORE

Colori accesi identificano i sedili aggiuntivi sotto le vetrine per soddisfare le esigenze di sovraffollamento nelle ore di punta o nei periodi di maggior lavoro.

Le superfici a vista e le texture conferiscono all'interno un aspetto grezzo e costituiscono lo sfondo neutro per arredi dallo stile eccentrico ed eclettico.

AREE DI SERVIZIO

Un lungo bancone di servizio funge da appoggio al registratore di cassa e all'espositore di torte e paste fresche, oltre che da principale piano di lavoro per la preparazione di cibi e bevande. Dietro il bancone di servizio, contenitori realizzati su misura per stoviglie, terraglie e coltelleria, mentre sui piani di lavoro poggiano le macchine del caffè e i dispenser. Disponendo dei requisiti specifici derivati da altri Caffè, i progettisti sono in grado di creare un ambiente di lavoro pratico e gradevole.

4 Costruire edifici

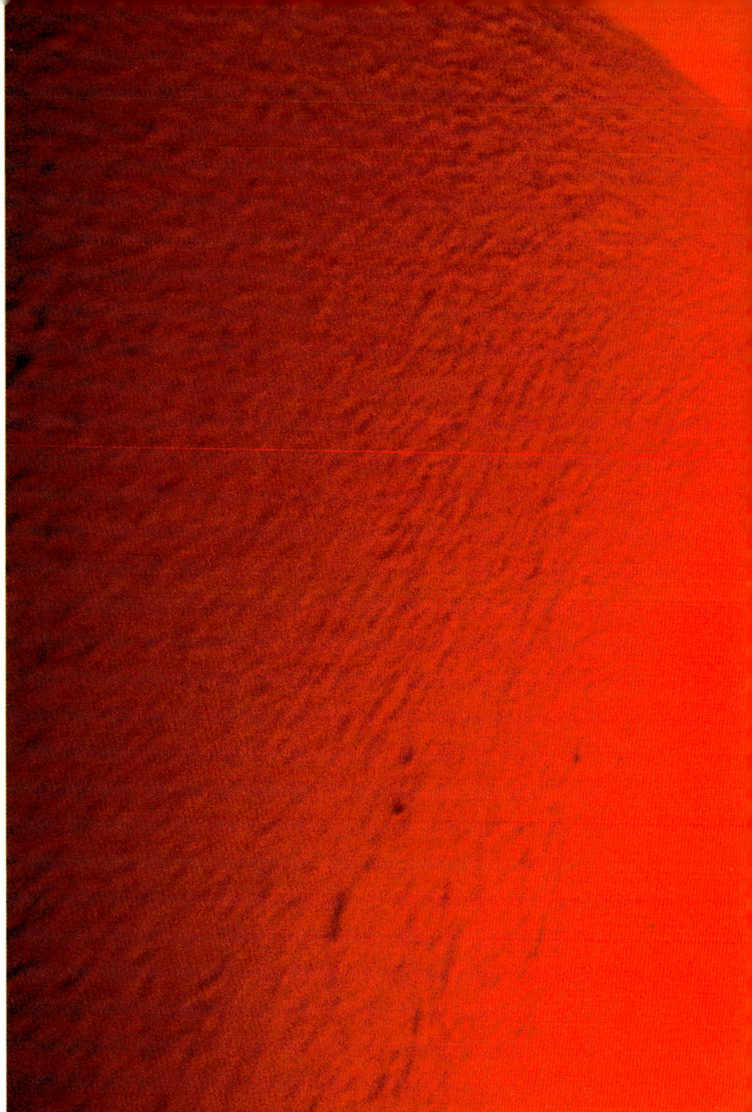

Capire gli aspetti della costruzione dei componenti architettonici rientra nelle responsabilità del designer. Spesso le decisioni di natura strutturale e non che un progettista è tenuto a prendere sono determinate da fattori quali norme edilizie, budget ed esigenze del cliente, e possono essere suggerite da usi particolari degli spazi. Sono gli argomenti di questo capitolo. Sebbene non sia richiesta una conoscenza approfondita, la maggior parte dei designer, sia pure alle prime armi, possiede nozioni di base relative alle tecniche edilizie e ai materiali.

Questo capitolo è dedicato alle capacità organizzative e di raccolta delle informazioni.

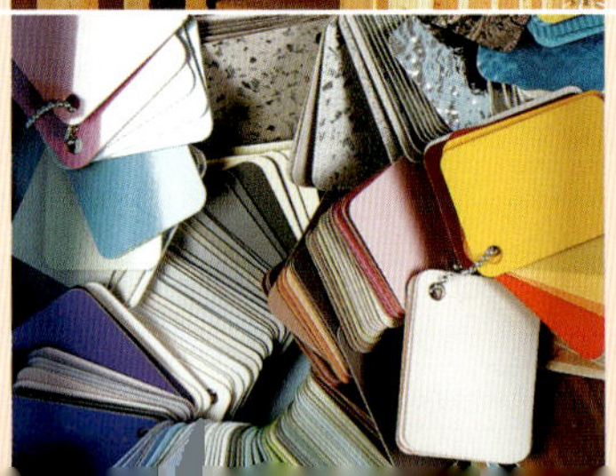

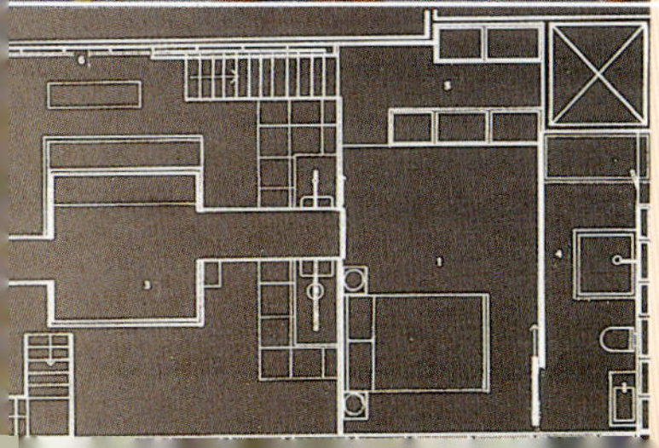

Vedi anche
Unità 18: **Materiali per edilizia** (pagina 90)

Unità 17: Componenti edili

OBIETTIVI
- Presentare i principali componenti edili
- Comprendere la costruzione dei componenti architettonici
- Comprendere le tecniche di costruzione

Pavimenti, pareti, finestre, porte e scale sono tutti componenti architettonici. Essi aiutano a definire i nostri spazi interni delimitandoli, dividendoli, permettendo gli spostamenti al loro interno e garantendo anche riparo, caldo o fresco, e visibilità verso l'esterno. Il design dei componenti interni varia a seconda del tipo di edificio e del layout delle attività. Questa unità esamina la costruzione e lo scopo dei principali componenti edili.

PAVIMENTI

Il pavimento costituisce il piano orizzontale di un ambiente interno e ha la funzione di sopportare i carichi vivi quali il peso di persone e mobili, oltre che quelli morti, fra i quali va annoverato il peso del pavimento stesso. Un pavimento in legno di solito viene realizzato posando una serie di travetti uniti di testa. Questo conferisce la massima resistenza per sovrapporvi le assi. Un pavimento di cemento può essere gettato *in situ* o ottenuto con lastre prefabbricate posate su un reticolo di acciaio. I pavimenti sottoposti a forti carichi devono essere relativamente rigidi ma conservare una certa elasticità. I carichi vengono poi trasferiti in orizzontale a travi, colonne e muri portanti.

L'altezza del pavimento deve essere in scala e proporzionale alla portata strutturale e alla resistenza relativa dei materiali. Dell'altezza si deve tenere conto anche nella posa di linee elettriche o meccaniche parallele alle travi di sostegno al di sotto del pavimento. Poiché le possibilità di scelta dei materiali sono numerose, è opportuno che i designer chiedano il consiglio di tecnici professionisti per decidere la soluzione più efficace.

GUIDARE L'OCCHIO
Un pavimento posato con materiale a correre crea una sensazione di spazio e consente una vista senza ostacoli per tutta la sua lunghezza.

PARETI

I piani verticali delle pareti servono a delimitare e suddividere gli spazi interni. I muri possono essere portanti (sostengono il peso di elementi superiori) o divisori (non strutturali) per definire diversi spazi interni. Le pareti, inoltre, devono assicurare l'isolamento termico e acustico oltre a contenere vie di passaggio per le linee elettriche e meccaniche. Le pareti esterne rappresentano una difesa dagli elementi atmosferici e devono essere costruite in modo da controllare il movimento di aria calda e fredda, dell'umidità e del vapore. È vitale, pertanto, che la struttura esterna resista all'usura del tempo e agli agenti atmosferici.

I muri interni vengono di solito costruiti preparando un'intelaiatura di montanti disposti a intervalli regolari in modo che corrispondano alle misure dei comuni materiali di rivestimento. I montanti sostengono i carichi verticali e il rivestimento contribuisce a conservare la rigidità della struttura. Tutti i cavi elettrici e il materiale isolante possono essere inseriti nel telaio della parete. Il muro può essere rifinito con vari materiali, il più comune dei quali è l'intonacatura a gesso, che viene pitturata per ottenere una superficie liscia e uniforme. Se per costruire il muro si usano materiali più densi, come muratura o cemento, si devono prevedere rinforzi per sostenere le sollecitazioni di tensione. Il rapporto altezza/larghezza è importante per determinare la stabilità laterale e controllare le dilatazioni mediante appositi giunti di espansione.

CREARE UNO STILE
La finitura superficiale di una parete può intonarsi alle attività svolte all'interno di uno spazio abitativo.

FINESTRE E PORTE

Sono componenti architettonici di grande efficacia per incorniciare entrate e uscite, per collegare visivamente gli spazi interni e per assicurare continuità visiva tra interno ed esterno. Le porte sono elementi di passaggio tra gli spazi, barriere per la sicurezza e la privacy, e consentono la ventilazione e l'entrata della luce. Le finestre sono gli "occhi" dell'edificio per guardare all'esterno, lasciano entrare luce e aria, attutiscono il rumore e difendono da sgradevoli agenti atmosferici. La scelta di porte e finestre varia in base alle nostre idee e preferenze, ma i produttori si attengono a dimensioni standard previste dalle norme edilizie. Porte e finestre hanno anche un'importanza estetica, perché, se ben scelte, migliorano i ritmi dell'architettura delle facciate. La percezione dell'edificio risentirà della posizione di questi componenti che introducono elementi di contrasto nelle masse, nella scala e nella limpidezza della costruzione.

TIPI DI FINESTRE

Le finestre, al pari delle porte, hanno stili differenti: possono essere fisse, a battenti, scorrevoli, a due elementi mobili o a riquadri e pivotanti. Anche i telai variano per stile, materiale e costruzione perché incorniciano i pannelli di vetro con legno, alluminio o acciaio. Tra i fattori più importanti che determinano la scelta di un tipo di finestra vi sono l'esigenza di godere di luce naturale e ventilazione, l'isolamento sonoro e termico, le necessità di pulizia e manutenzione. Possibilmente, consultate uno specialista per sapere quali sono i vari tipi disponibili.

DEFINIRE I DETTAGLI
Le caratteristiche d'epoca, come le finestre a riquadri, accentuano la cifra tradizionale di un interno domestico.

LAYOUT ILLUMINATO
Le fonti di luce infuiscono sulla disposizione degli arredi interni.

GEOMETRIA DELLO SPAZIO
La posizione degli ingressi, delle uscite e delle fonti di luce dà un senso di geometria e circolazione interne.

TIPI DI PORTE

Le modalità di costruzione e il tipo di apertura e chiusura delle porte sono assai vari. Vi sono porte girevoli, scorrevoli e a soffietto con possibilità di apertura da 50 al 100 per cento. Per quanto concerne lo stile, se ne trovano di pannellate, a riquadri, a persiana, a portafinestra e a vetri. La scelta dipende per lo più dalla posizione in rapporto ai requisiti di accesso. Altri fattori: le possibilità di passaggio tra i vari spazi, la frequenza d'uso o requisiti specifici quali luce, ventilazione, visibilità, acustica dei locali. La funzione più importante che una porta può avere è quella di impedire la diffusione di un incendio all'interno di un edificio. Le porte ignifughe sono in grado di resistere alle fiamme per periodi da 30 minuti a 4 ore.

SCALE

Le scale possono essere una caratteristica progettuale importante di un edificio. La scala influisce sull'organizzazione degli spazi interni modificando il sistema strutturale e, in alcuni casi, determinando la disposizione dei servizi all'interno del layout generale. Il ruolo della scala è quello di consentire l'accesso da un piano a un altro. In un grande edificio, le scale sono particolarmente importanti perché collegano le diverse parti della costruzione e consentono una buona circolazione generale. Dal punto di vista costruttivo, le scale si dividono in due gruppi: o formano parte integrante della struttura dell'edificio, come quelle in cemento, o sono componenti autoportanti, come le scale a chiocciola. Costruendole, si deve tenere conto di ovvie considerazioni di sicurezza ma anche del comfort e della facilità di movimento, determinata in massima parte da dati ergonomici che forniscono standard basati sulle proporzioni e sulla mobilità del corpo.

TIPI DI SCALE

Altre importanti considerazioni per la progettazione delle scale sono la previsione di pianerottoli liberi da ostacoli e con larghezza e profondità pari alla larghezza dei gradini. Per motivi di comfort e sicurezza, tutte le scale devono essere munite di una ringhiera. Le scale possono essere di vari tipi in base ai requisiti funzionali e ai limiti imposti dallo spazio disponibile. Ve ne sono di diritte, a L, curve, a chiocciola, piegate a 180° e a forma di U.

COLLEGARE GLI SPAZI
Interne o esterne che siano, le scale sono importanti per collegare le differenti parti di un edificio sia fisicamente che visivamente.

SALUTE E SICUREZZA NELL'EDILIZIA

Nelle fasi di progettazione e costruzione bisogna tenere conto delle norme di salute e sicurezza, che vanno rispettate per la durata del lavoro e per tutto il ciclo vitale della struttura.

Pratiche di lavoro sicure

È opportuno nominare un supervisore della progettazione (una persona appartenente al team di progetto o un esperto esterno) che controlli la costruzione e coordini le questioni di sicurezza nel cantiere. Questa persona, adeguatamente preparata, dovrà assicurarsi che la costruzione sia conforme alle norme e ai regolamenti edilizi.

Pensare alla sicurezza

Il supervisore dovrà preparare un piano per la salute e la sicurezza relativo al periodo di costruzione. Una certificazione di conformità andrà rilasciata al cliente al completamento della struttura. Il team di progettisti è legalmente tenuto a prevedere qualunque rischio, ritenendo prioritarie le azioni per la sicurezza delle persone. La non osservanza dei requisiti per la salvaguardia della salute e per la sicurezza è perseguibile per legge.

Linee guida, norme e regolamenti edilizi variano da nazione a nazione. Se lavorano all'estero, i designer dovranno chiedere il consiglio delle autorità edilizie e delle organizzazioni di settore per avere la certezza di operare nei termini di legge.

FINITURE

Le caratteristiche di qualsiasi materiale sono colore, superficie, finitura, disegno intrinseco, peso, calore e risposta alla luce. Queste proprietà non influenzano solo l'aspetto ma anche la forma, il comportamento e la durata di un materiale. Lo stesso materiale può presentare texture differenti: l'acciaio inossidabile si può spazzolare fino a opacizzarlo o lucidarlo per una finitura a specchio. Ora sono disponibili nuove forme di prodotti tradizionali, come la pietra e il legno, e materiali commerciali quali il calcestruzzo vengono sempre più spesso impiegati negli interni domestici per ottenere finiture uniformi e senza interruzioni.

LEGNO

Frassino, oliato

Acero, laccato

Frassino olivastro

Ciliegio, oliato

Acero, naturale

Olmo americano

Pino giallo

Quercia rossa oliata

Tasso

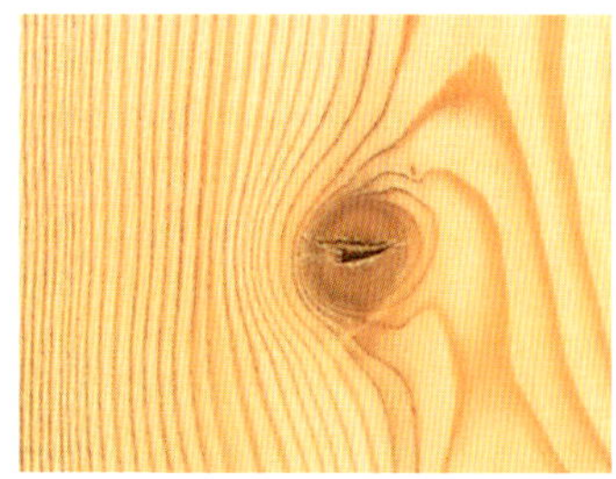
Larice siberiano

CONGLOMERATO CEMENTIZIO

Calcestruzzo trattato con acido

Gesso levigato

Calcestruzzo modellato

Calcestruzzo pettinato

PIETRA

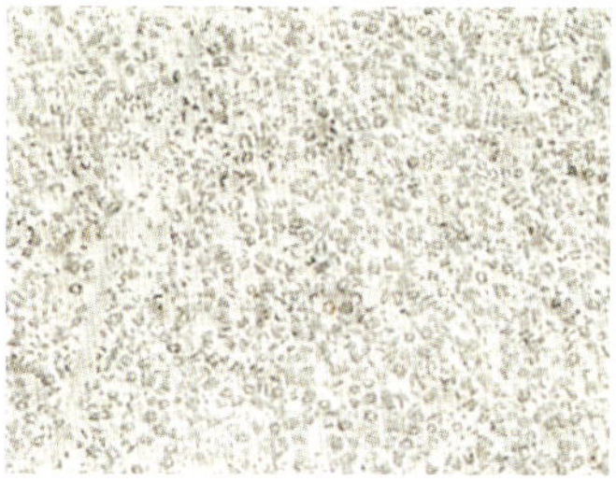
Grisdevilette, lavata con acido

Lunel, lucidato

Calcare occhio di rana

Ardesia Broughton Moor, sabbiata

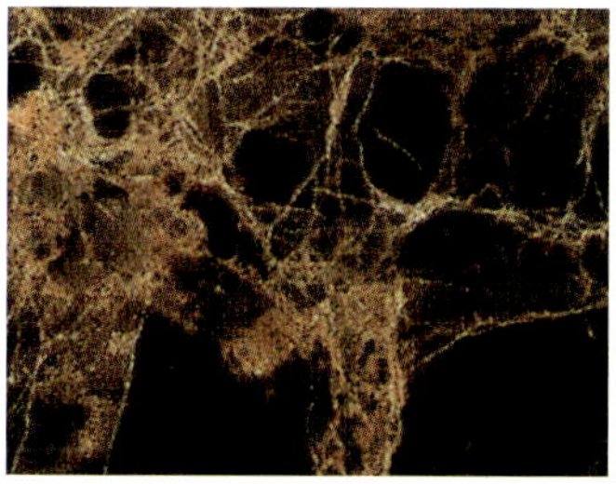
Calcare Marron Emperador

Marmo azzurro

Marmo blu savoy

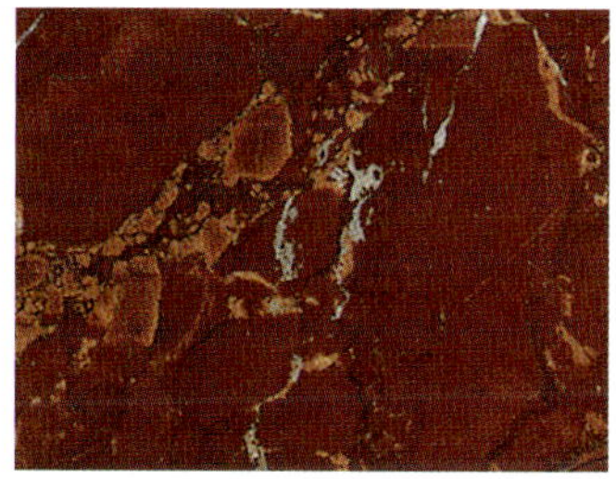
Marmo marrone

METALLO

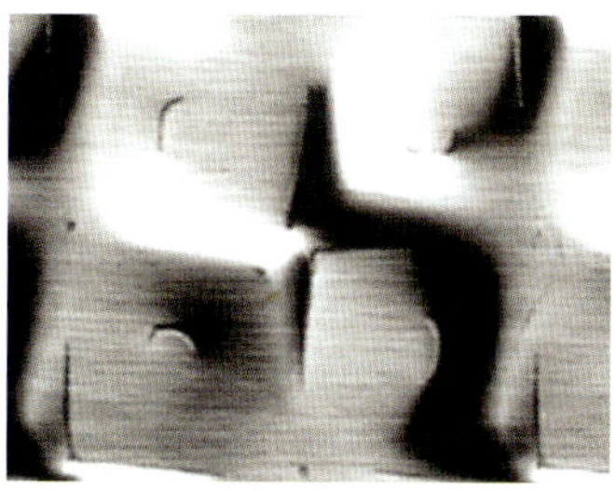
Acciaio inossidabile, in rilievo

Acciaio inossidabile, rigato

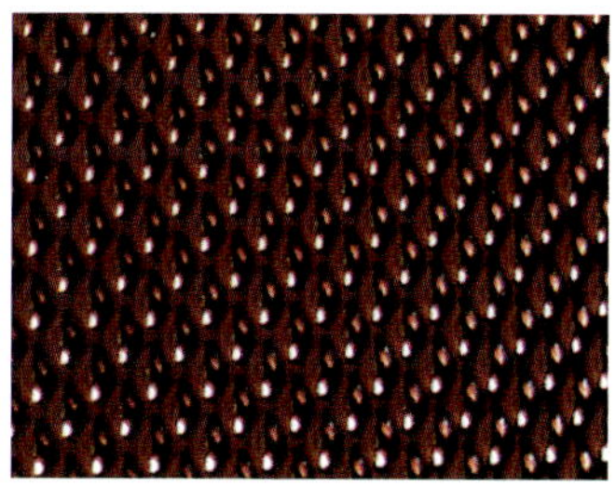
Acciaio inossidabile, goffrato in rosso

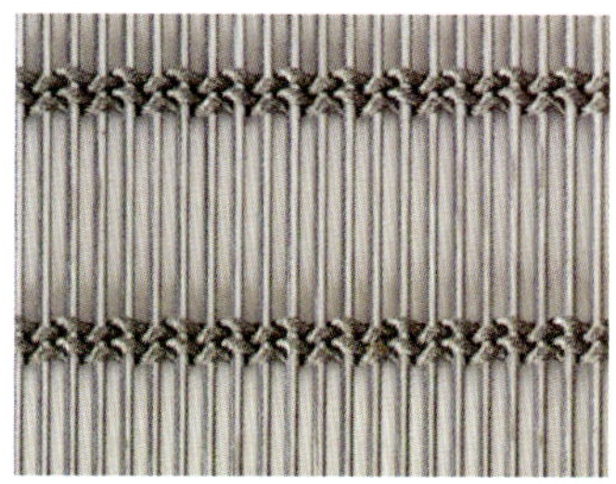
Filo metallico, trama flessibile

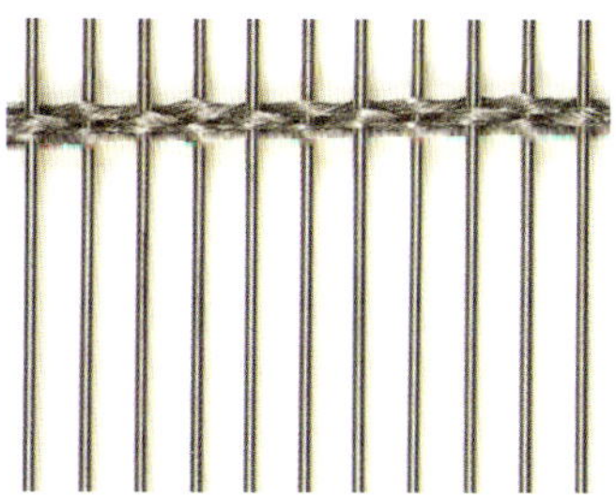
Filo metallico e sbarrette

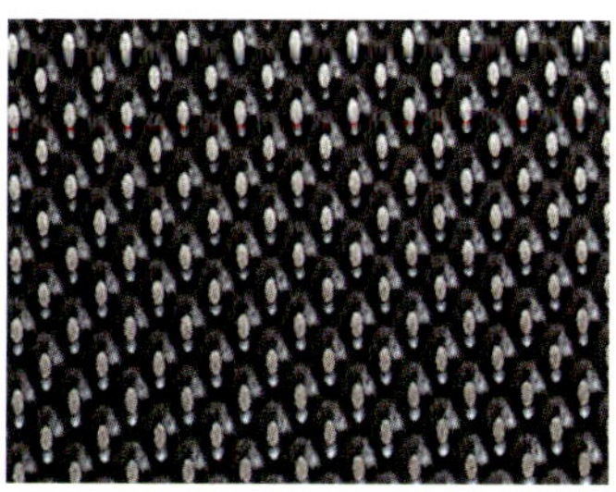
Acciaio inossidabile, goffrato in blu

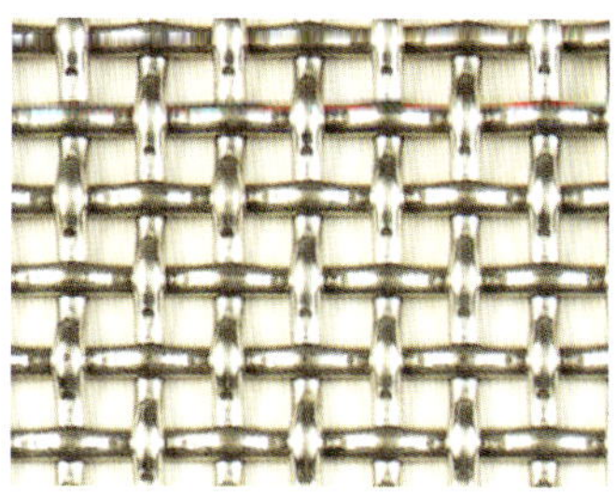
Trama robusta

Acciaio inossidabile, rilievi quadrangolari

Unità 18: Materiali per edilizia

OBIETTIVI
- Presentare i principali materiali per edilizia
- Comprendere le proprietà dei materiali da costruzione
- Imparare a scegliere i materiali

I designer amano lavorare con i materiali perché essi sono elementi grezzi con i quali dare vita a un'idea progettuale. Sia che cerchiate di evocare un ambiente interno o di creare un habitat pratico e funzionale, la scelta dei materiali è decisiva per l'implementazione delle idee. Questa unità presenta alcuni dei materiali da costruzione maggiormente usati e ne descrive le proprietà. Il processo della scelta di un materiale può cominciare dall'estetica, ma deve tenere conto di altri fattori come resistenza, durevolezza, prestazioni e manutenzione.

COSTRUIRE MEDIANTE STRUTTURE

La principale funzione dei materiali per edilizia è quella strutturale. La struttura ha lo scopo di scaricare in sicurezza tutti i carichi dell'edificio sul terreno, senza crollare sotto il peso complessivo o delle parti che lo compongono. Di questo l'interior designer deve tenere conto quando il progetto comporta modifiche strutturali. Che si tratti di costruire una scala, abbattere una parete o inserire un mezzanino, progetto e costruzione devono garantire resistenza e stabilità, oltre che resistenza al fuoco. Questo significa osservare gli standard di sicurezza e assicurare l'utilizzo di materiali appropriati e adatti, in modo da mantenere l'integrità strutturale.

Quando i materiali subiscono delle spinte o vengono sottoposti a trazione, in essi si sviluppano forze che sono rispettivamente la compressione e la tensione. Quest'ultima si riconosce facilmente perché il materiale si allunga in maniera molto simile a un grosso elastico. La compressione è l'opposto della tensione. Quando un materiale viene compresso, si accorcia. Un pezzo di gommapiuma si rimpicciolisce quando viene schiacciato. I materiali strutturali sono decisamente più rigidi che elastici; anche se questi effetti non sono visibili a occhio nudo, nondimeno si verificano. Legno, cemento e acciaio hanno resistenze differenti, eppure tutti resistono a tensione e compressione prima di cedere sotto a un peso.

MATERIALI STRUTTURALI

I materiali quali il calcestruzzo (rinforzato o precompresso), il legno, l'acciaio e l'alluminio sono comunemente utilizzati nella costruzione di strutture e possiedono tutti proprietà che li rendono adatti a tipi di costruzione e strutture differenti. Quanto più il materiale è resistente, tanto meno se ne dovrà usare perché la struttura resista a un dato carico. Come regola generale, le strutture a incastro alte e ampie per resistere alla pressione richiedono materiali robusti e rigidi ma che siano anche leggeri. Il rapporto tra il peso di un materiale e la sua resistenza fornisce un'indicazione della

CARATTERE ESSENZIALE
Il legno è un bellissimo materiale naturale con cui creare un ambiente caldo.

PRESTAZIONI DEL MATERIALE
Una facciata in vetro è sensazionale e affascinante, ma richiede anche molta manutenzione poiché va pulita regolarmente.

sua efficacia per quanto concerne la funzione strutturale. Un designer deve individuare il metodo costruttivo più efficace per realizzare una struttura riducendo costi e spreco di materiale.

Legno
Il legno è un bellissimo materiale naturale. Per l'impiego in edilizia è disponibile in varie specie divisibili in due gruppi: legni teneri e legni duri. I legni teneri, come il pino o l'abete, crescono rapidamente e sono relativamente economici, ma si usurano più rapidamente di quelli duri. La loro resistenza dipende dalla presenza di nodi e imperfezioni e dalla malleabilità dei differenti legni teneri strutturali. I legni duri sono in genere più costosi. La quercia è l'essenza dal colore e dalla texture più vari. Rispetto ad altri materiali, il legno presenta bassa rigidità ma, considerando la sua leggerezza, risulta relativamente molto rigido e ha perciò un alto rapporto resistenza/peso. Per questo motivo è un valido materiale strutturale utilizzabile per travi, pilastri, pavimenti e mobili, oltre che per controsoffitti e rivestimenti per pareti. È un buon materiale decorativo quando viene usato per rivestire le superfici, soprattutto se in fogli, e può essere ulteriormente rinforzato con collanti plastici per produrre compensato e laminati. Il legno deve essere reso ignifugo anche se il trattamento ne riduce la resistenza complessiva. I vantaggi legati all'uso del legno come materiale da costruzione sono la facilità di lavorazione (è moderatamente resistente a compressione e tensione) e l'isolamento. Tuttavia, l'uso del legno in edilizia ha risvolti ecologici negativi. Il consumo mondiale di legname è superiore al ritmo di ricrescita delle foreste. Quando acquistate del legname, soprattutto essenze rare ed esotiche, come mogano, teak e iroko, di grande pregio estetico, accertatevi che provenga da fonti soggette a programmi di riforestazione.

Vetro
Il vetro soddisfa esigenze di sicurezza, protezione e isolamento termico pur essendo decorativo e pratico. La sua versatilità consente di utilizzarlo in un gran numero di applicazioni domestiche, compresi pannelli di pavimentazione, pareti divisorie, paraventi, porte, finestre, gradini di scale, mensole e balaustre, oltre che per lampadari, paraspruzzi e superfici decorative. La tecnologia consente di produrlo in modo economico con precise specifiche strutturali e tecniche in grandi formati di vario spessore. Sebbene sia percepito come materiale estetico, il vetro è sorprendentemente duraturo, se rinforzato o laminato per uso domestico e commerciale. I divisori in vetro garantisco separazione, trasparenza e privacy. Trasparente, traslucido o opaco, offre finiture illimitate e numerose tecniche produttive tra cui scegliere. I trattamenti a cui è sottoposto il vetro riescono a influire sulla trasmissione della luce, sul colore e sui disegni per renderlo funzionale e

flessibile in modo da assolvere a molti requisiti progettuali complessi. Il vetro inciso e sabbiato diffonde delicatamente la luce a seconda dei motivi impressi. Il vetro laminato con lo strato interno colorato risplenderà, mentre un pavimento in vetro opaco scintillerà se viene retroilluminato. Le finiture comprendono incisione con acidi, smerigliatura, sabbiatura, laminatura, goffratura, smaltatura e tinteggiatura, oltre a quelle insolite realizzate riciclando manufatti come televisioni e finestrini di automobili.

Acciaio

L'acciaio è una lega di ferro e carbonio. Con l'aggiunta di una piccola quantità di nichel diventa acciaio inossidabile, che non arrugginisce. Le sue particolari proprietà fanno sì che l'acciaio sia un materiale forte e rigido con un elevato rapporto resistenza/peso. L'acciaio è un materiale economico perché una modesta quantità è in grado di sopportare carichi relativamente elevati. Se ne producono di due tipi: quello normale e quello ad alta resistenza. Le sue caratteristiche lo rendono adatto alla costruzione di svariati tipi di edifici, sia per strutture basse che alte, e per le strutture di copertura di ogni dimensione. Il vantaggio dell'uso dell'acciaio come materiale da costruzione è costituito principalmente dalla resistenza. Essendo uno dei materiali più forti, l'acciaio viene usato per realizzare cavi di sospensione di ponti, travature e travi, per le colonne dei grattacieli e per i binari delle montagne russe. Tuttavia è soggetto a corrosione e il costo di manutenzione delle superfici in acciaio è alto. L'acciaio richiede verniciature regolari e il rivestimento con uno strato protettivo.

Calcestruzzo

Il calcestruzzo è un materiale costituito da un miscuglio di cemento, sabbia, pietre e acqua. Le sue speciali proprietà comprendono duttilità, resistenza e durevolezza, che lo rendono un materiale particolarmente versatile. Il calcestruzzo si può usare in svariati modi e per vari scopi. Può essere prefabbricato, scolpito o gettato in forme di vario tipo adatte a scaricare sforzi. È un eccellente materiale per pavimenti, pareti, soffitti e arredi, oltre che di finitura. La resistenza del normale calcestruzzo varia a seconda della percentuale dei componenti, in base al rapporto tra acqua e cemento, e cemento e sabbia e pietrisco. Quanto più fini e duri sono gli aggregati (sabbia e pietrisco), tanto più resistente è il calcestruzzo. Il conglomerato cementizio armato, con sbarre di acciaio, o precompresso con fili e cavi di acciaio, è ancor più resistente a tensioni e compressioni. Il calcestruzzo presenta numerosi vantaggi come materiale edile. È economico ed efficace in termine di costi, ignifugo e impermeabile. Può essere lucidato, dipinto, decorato o lasciato grezzo per conservare le sue qualità scultoree.

QUALITÀ VISIVE
I materiali possono essere impiegati per le loro qualità estetiche quali texture, forma e colore.

QUALITÀ FISICHE
Perché diano buone prestazioni, i materiali strutturali devono essere duraturi e resistenti.

DESIGN VERDE

Il design ecologico si propone di ridurre i materiali e gli scarti edilizi riutilizzando o riciclando i prodotti in maniera più efficiente. Le strategie di sostenibilità possono essere considerate fin dalle prime fasi della pianificazione progettuale adottando delle alternative. Fra tali strategie: la realizzazione di costruzioni più efficienti, specificando i prodotti o le materie prime più efficaci, la sostituzione di risorse limitate con altre abbondanti o il riutilizzo di materiali da costruzione di edifici demoliti. Riabilitare un cantiere e i suoi materiali costituisce una vera sfida per il progettista, trasformando un sito esistente in uno che può accogliere nuovi programmi per nuovi utenti. Il vantaggio del riciclo è evidente quando riguarda i materiali, ma l'aspetto più interessante è che il design ecologico spinge i designer a essere fantasiosi e innovativi e a rispondere con nuovi modi di pensare. Riutilizzando materiali di scarto, i progettisti creano nuove opportunità per i loro progetti.

Design edilizio

Un'edilizia razionale può massimizzare la resa di energia solare, minimizzare la dispersione di calore e ottimizzare l'efficienza termica e l'isolamento degli edifici.
Il posizionamento e l'orientamento strategici delle fonti di luce e la riduzione di grandi superfici vetrate sono due esempi di considerazioni chiave del design.

Risparmiare energia

Il risparmio energetico si può ottenere progettando con attenzione la fornitura dei servizi. Per esempio, calore ed elettricità sono producibili mediante collettori solari o motori eolici, sistemi che non producono anidride carbonica e sono economici. Si può risparmiare energia anche ricuperando le perdite di calore di cucine e frigoriferi e accorciando le tubature troppo lunghe. Il riscaldamento domestico e la produzione di acqua calda si possono separare fornendo ciascun sistema di comandi propri.
La ventilazione naturale o sistemi di ventilazione passiva possono sostituire il condizionamento dell'aria e anche e lampade a bassa energia o fluorescenti ad alta frequenza consentono di risparmiare energia.

Consumo dell'acqua

Rivelatori di perdite, regolatori del flusso e sistemi di riciclo dell'acqua contribuiscono a evitare sprechi. L'acqua piovana si può raccogliere, filtrare in serbatoi sotterranei e pompare dove serve. Anche l'acqua del bagno, della doccia e del lavandino può essere raccolta in serbatoi e riutilizzata per WC e orinatoi. Gli elettrodomestici che consumano poca acqua sono efficienti in termini di energia e sciacquoni con scarico doppio o ridotto aiutano a ridurre il consumo idrico.

Materiali da costruzione

Il design verde dovrebbe utilizzare materiali a basso contenuto di energia, inteso come la quantità totale di energia usata per produrli e trasportarli. L'utilizzo di materiali locali riduce l'inquinamento dovuto al trasporto. I materiali non devono essere tossici e la loro produzione non deve danneggiare l'ambiente. Il legname dovrebbe essere fornito da un organismo di tutela per essere certi che provenga da una fonte sostenibile e rinnovabile. Il legno pretrattato è preferibile perché subisce controlli più stingenti direttamente in fabbrica. Le alternative ai materiali sintetici sono innumerevoli e per la pavimentazione sono disponibili in molte forme rinnovabili: legname proveniente da fonti sostenibili, legno riciclato, sughero, fibra di cocco, linoleum o lana. Le vernici non dovrebbero avere odori forti, essere tossiche, contenere solventi e, idealmente, dovrebbero essere a base d'acqua.

CONSERVAZIONE
I pannelli solari aiutano a massimizzare il guadagno di energia per produrre calore ed elettricità per la casa.

Unità 19: Servizi

OBIETTIVI
- Presentare le utenze
- Comprendere l'organizzazione delle utenze all'interno dell'edificio
- Imparare a ricercare utenze differenti

L'installazione delle utenze o dei servizi utili fa vivere gli edifici collegandoli ai fornitori di acqua, elettricità, gas e telecomunicazioni. Questa unità presenta importanti informazioni tecniche sull'organizzazione e la distribuzione delle utenze nell'ambiente domestico.

Un edificio si può paragonare a un organismo vivente, con la distribuzione dei servizi mediante tubature che simula le arterie e i cavi delle telecomunicazioni che corrispondono ai nervi. È importante che l'anatomia dell'edificio sia costruita prendendo attentamente in considerazione l'installazione dei servizi in modo da contribuire a minimizzare e razionalizzare le linee di fornitura, in particolare le tubazioni dell'acqua di bagni e cucine. Le varie forniture di servizi normalmente corrono all'interno dell'edificio verticalmente in appositi spazi e orizzontalmente sotto i pavimenti e nelle cavità sopra i soffitti.

POSA DEI CAVI
I cavi corrono orizzontalmente e verticalmente nascosti sotto i pavimenti e all'interno delle pareti.

FORNITURA DELL'ACQUA

L'acqua viene prelevata da ruscelli, fiumi e dal sottosuolo, dove quella meteorica filtra attraverso i vari strati per formare la falda idrica. In città l'acqua viene prelevata da grandi serbatoi e convogliata nelle tubature principali interrate. Nelle aree isolate si scavano pozzi per raggiungere la falda e da essi l'acqua viene pompata fino al serbatoio dell'edificio.

PURIFICAZIONE

Prima di essere distribuita, l'acqua viene filtrata per togliere i sedimenti, trattata con cloro per eliminare batteri e addolcita con trattamenti chimici per ridurre i sali. L'eccessiva durezza dell'acqua può aumentare la corrosione delle tubature, danneggiandole con incrostazioni e patine.

DISTRIBUZIONE

Un edificio necessita dell'acqua per bere, cucinare, pulire, lavare, alimentare lo sciacquone e i sistemi di riscaldamento, raffrescamento e antincendio. L'acqua raggiunge le nostre case spinta dalla pressione, espressa in termini di prevalenza (altezza raggiunta dall'acqua dell'acquedotto in una tubazione verticale). La pressione è sufficientemente alta perché l'acqua salga attraverso i tubi fino a serbatoi e cisterne. Una serie di valvole controlla l'afflusso dell'acqua ai vari sanitari e lo interrompe se si devono eseguire riparazioni e manutenzione.

SMALTIMENTO

In un edificio domestico, il progetto di bagni e cucine è razionalizzato riducendo la lunghezza delle tubature di distribuzione e smaltimento delle acque, in modo che carichi e scarichi siano usati con logica ed economicità. L'acqua di scarico dei sanitari scorre in tubazioni laterali (diramazioni) fino a una tubatura principale (colonna). Questa è collegata a una tubazione sotterranea laterale (canale di scolo) che, a sua volta, si collega al sistema delle fognature. L'acqua proveniente da tutti i sanitari, tranne il WC, è detta "di scarico", quella del water "acqua nera". Lo smaltimento delle acque di scarico e nere richiede tubazioni di materiali e dimensioni adatti che, per caduta, le convogliano nella fognatura.

FORNITURA DELL'ELETTRICITÀ

L'elettricità è vitale per molti servizi: calore, luce, elettrodomestici, sistemi d'allarme e di telecomunicazione. Col progredire delle tecnologie, la disposizione e l'installazione dei servizi elettrici si possono adattare per fornire sistemi più flessibili. I cavi corrono in orizzontale o in verticale in tubi incassati facilmente localizzabili che, all'occorrenza, permettono una semplice sostituzione.

DISTRIBUZIONE

L'energia elettrica arriva attraverso cavi interrati a una scatola di derivazione e da qui è distribuita ai vari locali domestici. Ogni circuito è protetto da un proprio fusibile tarato in base alle potenze assorbite dai singoli elettrodomestici, come cucine elettriche e scaldabagni. I circuiti di illuminazione, che tendenzialmente richiedono carichi inferiori, sono più semplici. La separazione tra i due tipi di circuiti permette di intervenire per le riparazioni e di dimensionarli adeguatamente a seconda della potenza massima richiesta. Dei fusibili proteggono ogni fase della distribuzione. La messa a terra protegge l'utente, garantendolo da eventuali contatti che renderebbero pericoloso il rivestimento degli elettrodomestici: il fusibile fonde e il circuito torna sicuro.

PRATICHE DI SICUREZZA

Gli interruttori permettono di tenere spenti gli elettrodomestici senza però interrompere l'alimentazione. Per sicurezza, gli interruttori dei bagni sono montati all'esterno del locale e all'interno prevedono un campanello azionato da un cordone in materiale isolante. Le prese non sono mai posizionate a portata di mano, tranne quelle dei rasoi elettrici, che contengono un trasformatore isolato. Per la progettazione e l'installazione di impianti elettrici si può fare ricorso a tecnici specializzati, ma è importante che il designer sia consapevole dei requisiti spaziali, ambientali, operativi e di sicurezza.

SALUTE E SICUREZZA

Assicuratevi sempre che i tecnici siano qualificati, addestrati a seguire le norme per la salute e la sicurezza.

FORNITURA DEL GAS

Il gas è l'utenza più semplice. L'uso del gas di città prodotto da carbone e petrolio è stato abbandonato da molto tempo e sostituito dal gas naturale (metano), che necessita di minori lavorazioni e i cui giacimenti sono correlati a quelli di petrolio. Il gas naturale è il sistema economico e facilmente utilizzabile più diffuso per riscaldare, cucinare ecc.

DISTRIBUZIONE

Il gas arriva attraverso una rete di tubazioni simile a quella dell'acqua. L'ingresso di solito è al livello più basso e poi, in sequenza: rubinetto di arresto, regolatore di pressione, contatore e tubi di distribuzione. I tubi interni da 25 mm sono in rame e si riducono fino a 15 mm a seconda dell'apparecchio a cui sono collegati (scaldabagno, forno, bollitore o fornelli).

PRATICHE DI SICUREZZA

La sicurezza è prioritaria. Sebbene i gas attualmente usati siano meno tossici del gas di città di un tempo, essi possono comunque asfissiare e produrre monossido di carbonio se la combustione di un apparecchio difettoso non è completa. I tubi non attraversano le camere da letto poiché eventuali perdite potrebbero rivelarsi fatali. Di conseguenza, contatori e tubi non sono mai posizionati in intercapedini non aerate, cosicché eventuali perdite possono essere individuate con facilità.

RISCALDAMENTO, VENTILAZIONE E CONDIZIONAMENTO

L'obiettivo primario di tali sistemi sono il comfort e la praticità di un ambiente in un utile bilanciamento di condizioni interne ed esterne.

RISCALDAMENTO

La scelta della fonte energetica (combustibile solido, petrolio, gas o elettricità) si può basare su attrattiva ed economia. Essa deve tenere conto del grado di controllo necessario a produrre buone condizioni ambientali, dell'aspetto, della posizione, della manutenzione, dell'assistenza e del costo d'installazione e di funzionamento.

DISTRIBUZIONE

Il calore può essere distribuito da apparecchi diretti, stufe elettriche, boiler o radiatori. Bruciando il combustibile in impianti centralizzati, il calore prodotto viene distribuito nell'edificio attraverso condutture. Un sistema efficace produce la massima quantità di calore con la minima quantità di combustibile e con il minor costo di acquisto. L'acqua generalmente è il mezzo più efficace ed è ampiamente usata per il bassorapporto costo/resa.

VENTILAZIONE E QUALITÀ DELL'ARIA

La ventilazione fornisce afflusso d'ossigeno e circolazione dell'aria per controllare surriscaldamento, inquinamento e odori. Il progettista deve favorire la ventilazione naturale mediante finestre e porte. In sua assenza è necessario prevedere ventilazione meccanica o un sistema di condizionamento.

DISTRIBUZIONE

Nella ventilazione meccanica e nel condizionamento, l'aria viene introdotta all'interno mediante ventilatori e poi viene distribuita attraverso una serie di condotte. L'aria viene riscaldata d'inverno e raffreddata in estate. Per essere efficaci, condizionamento e ventilazione meccanica devono prevedere il ricupero del calore.

PRATICHE SICURE

Nei casi in cui fumi di scarico e inquinanti tendono a costituire un pericolo o a mettere a rischio l'ambiente, essi dovrebbero essere eliminati alla fonte con cappe o aspiratori.

Vedi anche

Unità 16: **Pianificare il progetto** (pagina 76)

Unità 20: Illuminazione

OBIETTIVI
- Imparare a ottenere differenti effetti di illuminazione
- Scegliere i sistemi di illuminazione adatti
- Imparare a creare una pianta delle luci

Un buon progetto illuminotecnico deve tendere a migliorare e potenziare l'interno per rendere più adeguato il design finale. Lavoro, relax o svolgimento di un qualsiasi impegno sono tutte attività che richiedono luce. Uno schema d'illuminazione deve identificare le principali attività che si svolgono in uno spazio e determinare dove posizionare i sistemi d'illuminazione appropriati.

L'illuminazione è uno degli elementi più importanti di qualsiasi interno e la predisposizione di una soluzione adatta deve essere già presente nelle fasi iniziali del progetto. Se l'energia elettrica non arriva nei punti utili e senza un'idea di come ottenere gli effetti luminosi voluti, il risultato finale potrebbe non soddisfarci.

CHE COS'È LA LUCE?

Tutte le fonti di luce, sia naturali che artificiali, erogano le lunghezze d'onda dei corrispondenti colori dello spettro. Queste si combinano a formare la luce bianca. Quantità variabili di lunghezze d'onda determinano il colore della luce, la sua temperatura e la nostra percezione del colore. Nel considerare un progetto d'illuminazione di qualsiasi interno, è importante disporre di alcune informazioni riguardanti le fonti luminose utilizzabili e l'impatto che producono sullo spazio.

USARE LA FORMA
L'aggiunta di questa applique riprende lo schema rettangolare che ricorre nel design generale.

PIANTA DEL SISTEMA D'ILLUMINAZIONE

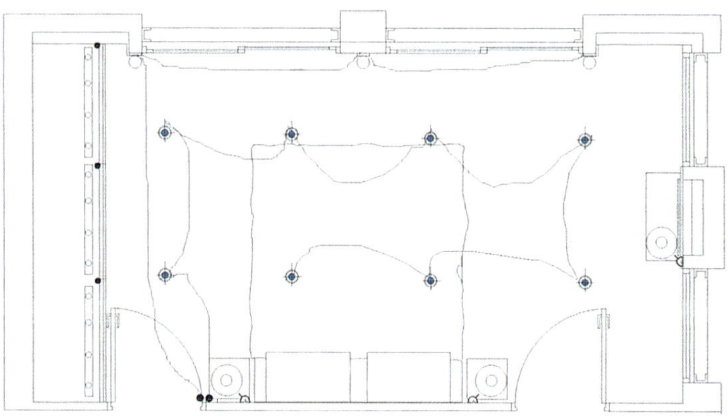

CHIAREZZA DEL DIAGRAMMA
La pianta dell'illuminazione illustra la dislocazione dei sistemi di illuminazione e la loro posizione all'interno del circuito elettrico del locale.

LEGENDA

- Faretti incassati QR-CB51 con lampadine a basso voltaggio da 50 W
- Prese da 5 A per lampade da tavolo con lampadine da 60-100 W GLS (scelte dal cliente)
- Illuminazione a parete a basso voltaggio
- Illuminazione per cabina armadio con lampadine da 10 W QTLP-ax (si accendono aprendo le ante)
- Interruttori a parete
- Interruttori per le luci collegate all'apertura delle ante

SUPERFICI BRILLANTI E RIFLETTENTI

Nel progettare uno schema di illuminazione, è opportuno tenere conto dei colori delle superfici situate all'interno dello spazio. I colori chiari, più riflettenti, aumentano la luminosità delle superfici e il livello di luminosità, mentre quelli scuri assorbono la luce. Questa perdita di luce riduce la luminosità percepita dello spazio rispetto a quella di uno spazio dai colori più chiari con gli stessi sistemi di illuminazione e le stesse lampadine.
La resa del colore si riferisce alla maniera in cui la luce influisce sul colore delle superfici in uno spazio oltre che alla sua capacità di distribuire il colore.

LAMPADE

Il termine "lampade" non indica i sistemi di illuminazione da tavola quanto piuttosto le lampadine. Ne esistono di svariati tipi e dimensioni. Le fonti di luce artificiale e le lampadine si dividono in varie categorie, a seconda del modo in cui producono la luce.

A incandescenza

Queste lampadine producono luce perché l'energia elettrica riscalda il filamento, rendendolo incandescente. Sono ampiamente usate nell'Europa del Nord e nel Nordamerica per l'illuminazione residenziale e producono una luce calda. La luce naturale del giorno contiene l'intero spettro del colore e, quindi, tutte le lunghezze d'onda relative. Le lampadine a incandescenza sono la scelta migliore in termini di luce artificiale, se la resa del colore è importante. Per contro, esse sono inefficienti e hanno una durata relativamente più breve poiché il filamento per l'uso si degrada fino a spezzarsi.

ILLUMINAZIONI STILE LIBERO
Le lampade da appoggio illuminano aree limitate aggiungendo una nota di decoratività.

INTRODURRE IL COLORE
L'illuminazione può essere usata per migliorare o creare il colore in uno schema con materiali neutri.

Fluorescenti
Nella lampadine fluorescenti la luce è prodotta quando la corrente elettrica reagisce con il rivestimento in fosforo al loro interno. La quantità e il tipo di rivestimento in fosforo influisce anche sulla temperatura e sulla resa del colore di queste lampadine. Le lampadine fluorescenti sono disponibili in vari formati per soddisfare tutte le esigenze di illuminazione e sono più efficienti di quelle a incandescenza.

Alogene
La lampade alogene sono fonti di luce a incandescenza nelle quali il passaggio della corrente in un filamento ne aumenta la temperatura fino renderlo incandescente e a produrre luce. In tutte le lampadine a incandescenza il filamento si trova in un'ampolla sotto vuoto in cui l'aggiunta di un gas inerte riduce la velocità con cui le particelle di questo gas evaporano: si ottimizza così la durata della lampadina. Nelle lampade alogene l'aggiunta di iodio o bromo fa bruciare il filamento con maggiore luminosità e riduce l'evaporazione delle particelle che lo compongono. Le lampade alogene a basso voltaggio (12 V) hanno un filamento più spesso e corto che crea una luce più brillante e intensa delle versioni a 240 V, poiché la superficie dei filamenti è maggiore.

A scarica ad alta densità
Le lampade a scarica, o a luminescenza, producono luce con il passaggio della corrente attraverso vari gas o vapori. Prive di filamenti che si deteriorano, hanno una maggiore durata e sono molto efficienti perché necessitano di minore energia dei tipi a filamento per produrre un analogo livello di luce. Tipo e pressione del vapore gassoso definiscono sia la temperatura, sia la resa del colore delle lampade. Le lampade contenenti sodio a bassa pressione producono la luce gialla dei lampioni stradali mentre quelle con mercurio ad alta pressione sono usate nelle situazioni in cui la luce deve essere più bianca e rendere in maniera più precisa le tonalità del colore.

Altri tipi
Oltre a quelle più comunemente usate, vi sono alcune lampade che producono luce quando l'elettricità reagisce con i gas contenuti nell'involucro di vetro: lampade a scarica. Altri tipi, che producono luce sfruttando il fenomeno della magnetizzazione, sono dette a induzione. Entrambe vengono usate in schemi in cui efficienza e durata sono importanti. Raramente sono usate nell'illuminazione residenziale.

DIVERTIMENTO IN CAMERA DA LETTO
Le luci LED incassate nel pavimento e puntate verso l'alto aggiungono una delicata luminosità e un tocco di colore.

LED e fibre ottiche
Queste fonti luminose convogliano la luce nello spazio in vari modi ma condividono il vantaggio di rimanere fredde al tatto e di aver bisogno di limitata manutenzione. Questo permette di illuminare punti difficilmente accessibili con altre lampade.

È tutta questione di luminosità?
La luce si misura in unità lux e possiamo determinarne l'intensità in un dato spazio calcolando il livello di lux. Per quanto sia un valore numerico spesso non ci dice in realtà come sarà la luce. Inoltre, la percezione della luminosità è soggettiva. Molto spesso gli schemi di illuminazione sono progettati in base a una griglia di luci sul soffitto che illuminano uniformemente lo spazio. Questo però non tiene conto di elementi come la disposizione degli arredi e le caratteristiche artistiche o architettoniche con conseguente perdita di atmosfera. Un utile esercizio è osservare gli schemi luminosi degli spazi che vi piacciono. Cercate di capire come sono stati posizionati i sistemi di illuminazione e notate come sono stati usati per migliorare i vari elementi.

Introdurre flessibilità
Una luminosità uniforme a volte non è la scelta migliore, ma talora invece è importante. Ogni locale va valutato in base alle esigenze di illuminazione delle attività che vi si

svolgono. Pensate al lavoro, al relax, al gioco e alla consumazione dei pasti, a dove queste attività si svolgeranno e a come volete che siano illuminate. Probabilmente la maggior parte dei locali dovrà essere illuminata in modo da permettere l'esecuzione di più attività. Circuiti differenti consentiranno di accendere e spegnere le varie luci a seconda delle attività svolte, modificando la quantità e la posizione della luce.

Presentare le vostre idee

Può essere difficile illustrare gli effetti luminosi. È possibile creare immagini virtuali, ma queste sono di laboriosa realizzazione, a meno che non siate degli specialisti. Cercate di raccogliere le immagini degli effetti che vorreste usare in una scheda concettuale dell'illuminazione con la quale mostrare le vostre idee. La posizione dei sistemi e dei circuiti di illuminazione può essere riportata su una pianta dei punti luce (vedi a pagina 96), con un semplice schema che usa simboli dei vari componenti spiegati in una legenda. I simboli sono poi collegati tra loro per costruire i singoli circuiti.

IL PROGETTO

Valutare l'illuminazione della propria casa è un buon metodo per arrivare a capire il modo in cui la luce influisce sul godimento degli spazi d'abitazione.

Il processo

Osservate due locali di casa vostra ed elencate le attività che vi si svolgono. È buona norma scegliere una stanza solitamente molto vissuta, come la cucina, e una destinata al relax, come il salotto o la camera da letto. Quanti scenari d'illuminazione differenti sono disponibili al loro interno? Pensate di disporre della flessibilità luminosa necessaria per soddisfare le differenti attività? Considerate la disposizione degli spazi e la posizione degli arredi.

Il risultato

Per ogni stanza, stilate un elenco delle fonti luminose e delle posizioni che ritenete adatte allo spazio e delle modifiche che vorreste apportare. Disegnate una pianta dei sistemi d'illuminazione e preparate una cartella dei campioni per illustrare la scelta dei vari prodotti e le loro specifiche.

DESIGN VERSATILE
La luce non deve necessariamente provenire dall'alto. Pensate all'effetto della luce proiettata da angolazioni differenti.

Vedi anche
Unità 04: **Sviluppare un'idea** (pagina 24)

Unità 21: Colori e interni

OBIETTIVI
- Presentare la teoria dei colori
- Capire la terminologia dei colori
- Imparare a creare uno schema di colori

Immaginate un mondo senza colore. Il colore è molto più di un semplice fatto estetico. È vitale per trarre informazioni dagli ambienti attorno a noi e per aiutarci a muoverci al loro interno. Nell'interior design il colore può essere usato in maniera pratica, decorativa e architettonica, facendo nascere nell'ambiente un senso di luogo e di identità. Il designer può plasmare un ambiente prendendo in considerazione il colore già all'inizio del progetto. Questa unità introduce alla teoria dei colori e alla terminologia relativa. L'uso armonico dei colori fa del colore uno dei principali elementi di design per trasformare spazi e progetti di interni.

LA RUOTA DEI COLORI
La ruota dei colori è uno strumento prezioso. Le bande di colore – rosso, arancione, giallo, verde, blu e viola – sono disposte in settori circolari per mostrare i rapporti reciproci. Usatela per capire il concetto di colori primari, binari e ternari oltre alle giustapposizioni di colori complementari e armonici.

Nello scegliere tessuti o vernici per un progetto d'interni, ricordate che il colore può essere uno strumento importante per modellare e modificare lo spazio. Il colore alleggerisce o appesantisce gli oggetti, rende gli ambienti più caldi o più freddi, fa avanzare o retrocedere le superfici. Generalmente, i colori caldi come il rosso e il giallo tendono a farle avanzare (per esempio, fanno sembrare più vicine le pareti), mentre quelli freddi, come il blu e il verde, le fanno recedere. La brillantezza o intensità è un importante fattore nel determinare se i colori avanzano o indietreggiano. Una superficie brillante avanza e una opaca indietreggia. Il colore è principalmente un fattore soggettivo, basato sulle preferenze personali e sul nostro senso estetico.

TEORIA DEI COLORI E TERMINOLOGIA

Colori differenti si possono ottenere mescolando i tre colori primari (rosso, giallo e blu). Un semplice mix dei colori primari produce i colori binari: arancione (rosso-giallo), verde (giallo-blu) e viola o porpora (blu-rosso). Un colore primario mescolato con uno binario diventa un colore ternario: rosso-arancione o blu-verde. I tre colori primari trovano i loro opposti complementari nei tre colori binari (verde-rosso, viola-giallo e arancione-blu).

Tonalità è il termine usato per distinguere un colore da un altro: il rosso dall'arancione, per esempio, o l'arancione dal giallo. Un particolare rosso avrà una tonalità specifica e potrà essere un rosso più spento, un rosso giallastro, un rosso chiaro o un rosso scuro. Normalmente l'occhio umano può distinguere milioni di tonalità differenti. Valore o tono è il termine usato per distinguere l'intensità luminosa e chiaroscurale del colore. Per esempio, il celeste è un colore di valore alto mentre il blu navy è un colore di valore basso. Anche la percentuale di nero o bianco di un grigio neutro possono essere descritti in questi termini. Cromia o saturazione si riferiscono alla forza o alla purezza relativa di un colore, a volte definita intensità, purezza o pienezza. I colori di forte cromatismo sono quelli che si avvicinano alle tonalità pure.

Questo interno esemplifica l'uso di colori primari e binari per ottenere massimo contrasto e stimolazione visiva.

ARMONIE DI COLORI

Queste armonie si possono descrivere come gamme di colore specifico. Esse sono usate per bilanciare i colori in modo che la loro combinazione risulti armoniosa ed esteticamente gradevole. Seguendo semplici regole, l'armonia coloristica si può usare per creare un convincente schema di colori.

MONOCROMIA

Le armonie di colori si trovano principalmente in natura, con le innumerevoli sfumature del verde del fogliame. L'armonia monocromatica è un'armonia monotonale che abbina colori derivati dalla gamma di un'unica tonalità. Questi schemi hanno qualità che possono essere calde o fredde, ma non strettamente neutre. Tendono a essere piacevoli e rilassanti perché si fondono bene con la maggior parte delle condizioni d'illuminazione. Gli schemi monocromatici possono essere resi ancor più freddi con l'aggiunta di colori neutri quali il bianco, il grigio o il nero.

COMPLEMENTARIETÀ

L'armonia dei colori complementari crea un contrasto più accentuato al suo interno usando coppie complementari. Ricorrendo a evidenti schemi contrastanti, il designer può esplorare la forza e la tonalità dei due colori opposti l'uno all'altro sulla ruota del colore, come il rosso e il verde. Per un efficace schema fortemente contrastato, smorzate uno o tutti i colori o separateli con un colore correlato o con tinte neutre, come il grigio o il bianco. Variando la quantità dei colori complementari, oltre alla loro forza individuale, si riesce a ottenere un design soddisfacente. La chiave è l'equilibrio. Soprattutto, evitate che un singolo colore diventi dominante nello schema complessivo.

CONTRASTO

I contrasti di colore offrono un alto grado di stimolazione visiva. Discostandosi dalle armonie coloristiche, note di colore sono usate per enfatizzare un gruppo di colori collegati contrastando con essi. I colori accentuati sono tonalità complementari che sulla ruota dei colori si trovano in settori opposti. Il colore complementare viene introdotto nello schema in piccole quantità per accentuare la sensazione coloristica. L'effetto complessivo serve a creare un'esperienza visiva, intensificando sia i colori correlati, sia le tonalità accese.

IL PROGETTO

Usando una serie di campioni, applicate la teoria dei colori ai vostri tessuti creando tre differenti schemi coloristici. Scegliete audacemente tessuti e fibre per rendere questo esercizio il più utile possibile.

Il processo

Cominciate dividendo i campioni raccolti nel vostro elenco in tre differenti armonie: colori monocromi, contrastanti e complementari. Una volta soddisfatti della suddivisione, cercate le immagini di interni che corrispondo al vostro schema coloristico.

Il risultato

Presentate gli schemi finali su un foglio A2 e illustratelo con le immagini degli interni che avete trovato. Corredate campioni e immagini con annotazioni per farne una preziosa risorsa per un ipotetico cliente. Ricordate che mostrare il vostro lavoro a un amico o a un collega vi aiuterà a misurarne l'efficacia nella fase di presentazione.

IL SISTEMA DI COLORI MUNSELL

Il sistema di notazione coloristica di Albert Munsell, pubblicato per la prima volta nel 1915, è uno dei più usati per la riproduzione del colore. Dalla morte di Munsell nel 1918, la Munsell Colour Company continua a produrre tabelle, slide e standard coloristici usati dai settori creativi e anche per studi di geologia, archeologia e biologia. Nell'ambito dell'interior design, il sistema Munsell consente ai progettisti di descrivere e capire accuratamente il colore con le tre dimensioni tonalità, valore e cromia.

Tonalità

La tonalità è la misurazione del colore in base a una rappresentazione circolare definita da Munsell come "la qualità con la quale distinguere un colore da un altro, come il rosso dal giallo, dal verde, dal blu o dal porpora". Questa prima dimensione fa riferimento al punto in cui la tonalità si trova nello spettro dei colori, ma non ci dice se il colore è chiaro o scuro, intenso o tenue. Il sistema Munsell si basa su un cerchio di dieci tonalità di colore, delle quali le cinque principali sono rosso, giallo, verde, blu e porpora, con l'aggiunta di cinque tonalità intermedie.

Valore

Il valore è la misurazione del colore su una colonna verticale e, secondo Munsell, è "la qualità grazie alla quale distinguiamo un colore chiaro da uno scuro". La scala del valore è concepita come una colonna verticale alla cui base il nero rappresenta l'assenza di luce, mentre la sommità bianca rappresenta la luce pura. Tra questi due estremi di nero e bianco si situano varie gradazioni di grigio. Nel linguaggio quotidiano il valore solitamente si definisce tono e un valore basso solitamente indica un colore scuro (come le sfumature) mentre un valore alto indica un colore chiaro (come una tinta).

Cromia

La cromia è la misurazione del colore che s'irradia da un'asta verticale su un asse orizzontale. Mentre un colore si può descrivere in termini di tonalità come blu o verde, o può essere definito chiaro o scuro dal suo valore, non lo si può descrivere completamente se non si include la terza dimensione. La cromia si riferisce alla forza o saturazione di un dato colore – se il colore è intenso e puro, o grigio e scarsamente colorato. I colori differiscono per le loro forze cromatiche, in quanto alcuni sono più forti di altri. L'equilibrio o armonia del colore risiede principalmente nel principio che tutti i colori non raggiungono la loro massima forza cromatica allo stesso valore. Il rosso è due volte più forte cromaticamente del blu-verde e, di conseguenza, richiede un maggior numero di gradini per arrivare al grigio. Il porpora-blu raggiunge la sua cromia massima al quarto gradino del valore, mentre il giallo ci arriva al settimo.

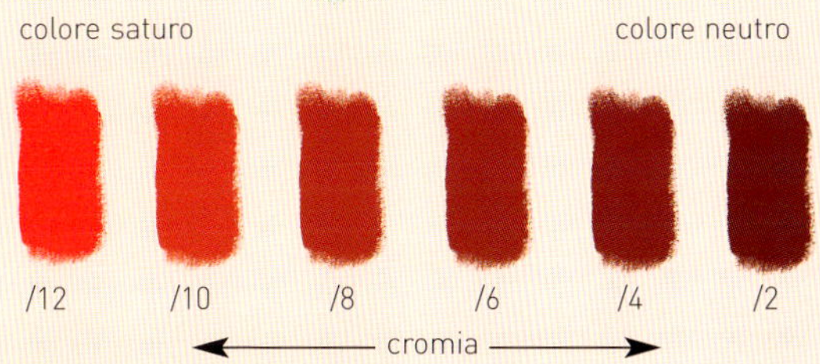

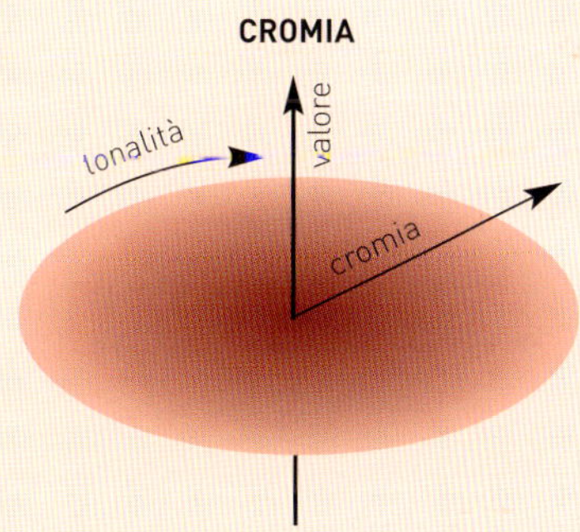

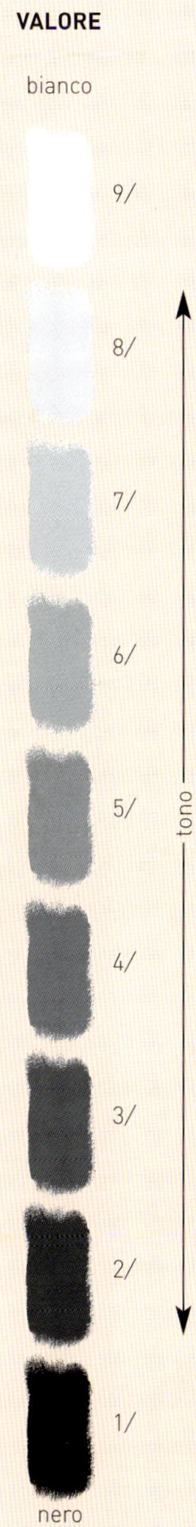

Unità 22: Tessuti e stoffe

OBIETTIVI
- Presentare una gamma di tessuti e stoffe
- Imparare quali sono le proprietà di tessuti e stoffe
- Capire l'utilizzo dei tessuti in un interno

I tessuti sono uno degli aspetti più versatili di un interno. I designer stanno ora avvantaggiandosi della nuova tecnologia per usare nelle loro ambientazioni molti tessuti insoliti e di grande impatto. Che abbiano un design classico o moderno, i tessuti combinano fibre, colori e texture per creare trame ardite, morbide sete o spessi feltri. Questa unità illustra l'applicazione di tessuti e stoffe nell'interior design, abbinando estetica, utilità e durevolezza.

I tessuti sono estremamente importanti quando si tratta di definire il carattere di un progetto d'interni. Si possono usare per evidenziare e accentuare le qualità di un dato spazio al fine di migliorare l'identità di un'azienda, per dare carattere a un marchio commerciale o semplicemente per aggiungere comfort e armonia all'ambiente domestico. Avendo a disposizione una grande varietà di fibre, stili e colori, il designer ha la possibilità di scegliere a suo piacimento i tessuti. Molto legati alla moda, i produttori continuano ad aggiornare i campionari e a lanciare nuove serie e nuovi stili. È imperativo, pertanto, che i designer siano consapevoli delle possibilità di scelta.

FIBRE NATURALI E MISTE

Cotone, seta e lana sono associati a colori smorzati e a finiture naturali e delicate e, quindi, danno un aspetto informale a una varietà di interni. I tessuti naturali sono piacevoli perché hanno un aspetto grezzo, non rifinito e formale nelle loro qualità materiche. La tecnologia ha sviluppato fibre miste con le quali si realizzano tessuti d'arredamento più duraturi in un'ampia varietà di pesi e finiture. Le fibre miste hanno trasformato i tessuti modificando il cotone in lino, denim, mussola o ciniglia e la lana in tweed o cachemire. La seta trasmette una sensazione di lusso al tatto, ma è anche assai delicata. Se ne aumenta la durata mescolandola al cotone. Se le imperfezioni delle fibre naturali sono un pregio, i tessuti ottenuti mescolando fibre artificiali e naturali risultano più resistenti e duraturi e possono avere un miglior rapporto costo/resa. Prima di acquistare una grande quantità di tessuti, è opportuno che i designer se ne procurino dei campioni. Le altezze standard dei tessuti naturali dipendono dal produttore. Le texture superficiali variano a seconda della fibra e del filato. Mix di fibre naturali o sintetiche vengono generalmente usate nell'arredamento di abitazioni e nel design commerciale per tappezzerie e tendaggi, imbottiti e divisori.

Lana e nylon

Lino

Fibre miste

Fibre miste

STOFFE PER USO COMMERCIALE

Le stoffe destinate ad ambienti commerciali costituiscono una valida scelta come tappezzerie perché più resistenti a usura e strappi e sono più durevoli delle altre. Sono disponibili in una vasta gamma di colori e finiture, tra cui i cotoni pesanti, le tele e le stoffe rivestite in teflon, di lunga durata e antimacchia. Le stoffe per uso commerciale sono contraddistinte dal grado di strofinamento (stabilito strofinando meccanicamente la stoffa per accertarne la resistenza) che possono sopportare. Queste stoffe sono spesso pretrattate contro le macchie e sono antipiega e resistenti a strappi, calore, fiamme e raggi UV.

Denim

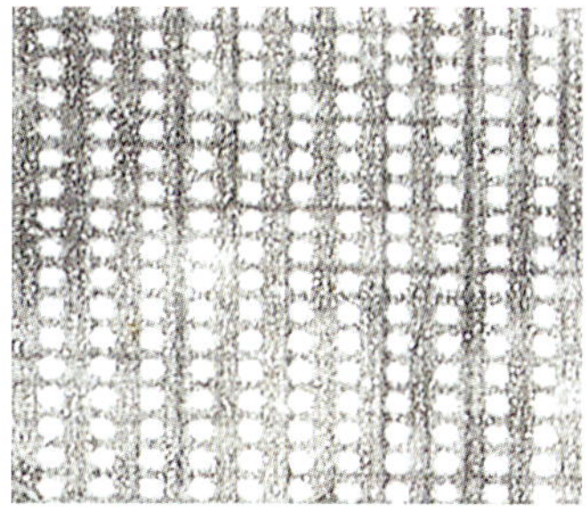
Tyvek

Tela

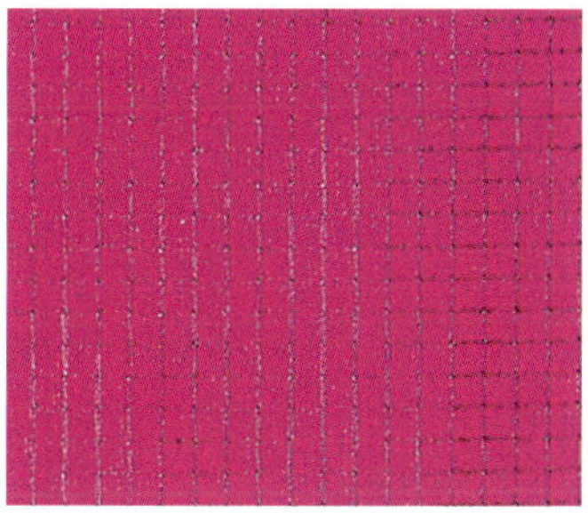
Ripstock

Canapa

Tela da sacco

Lino

Cotone

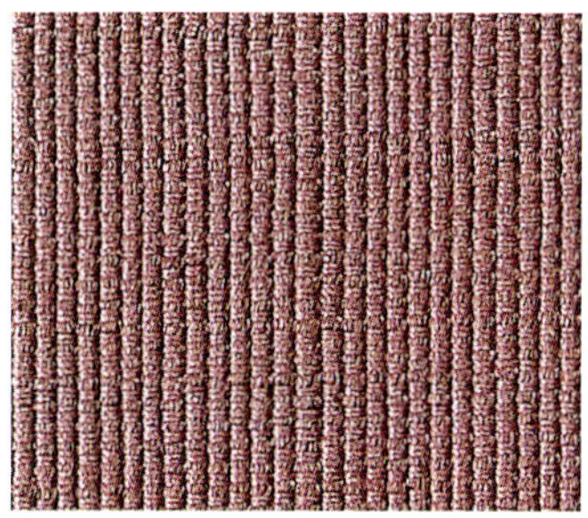
Seta

Mussola

Cotone

Cotone

Iuta

Tessuto jacquard

TESSUTI DI LUSSO

I metodi di produzione moderni e tradizionali si sono combinati per offrire una gamma di stoffe di buona mano e di lusso (seta cruda, velluti e ciniglie oltre a mix come il mohair di lana e il voile di seta). I designer possono scegliere tra i tessuti tradizionali ma delicati, come i taffettà di seta, e sintetici più resistenti ma ugualmente glamour. I produttori sono in grado di fornire stoffe che soddisfano requisiti specifici e che sono abbinabili a tappezzerie e delicate decorazioni. La domanda di tessuti di lusso ha reso abbordabili i prezzi di sete, velluti e ciniglie, ma le fibre sintetiche (viscosa, poliestere, acrilico e acetato) offrono opzioni equivalenti ma più economiche e pratiche. I tessuti di lusso si usano quasi in tutti gli ambienti per trasmettere valori estetici e un piacevole abbandono all'appagamento.

Mohair

Ciniglia

Organza di seta

Impuntura in oro

Cotone e seta

Seta metallizzata

Cotone e seta

Ottoman

Velluto a grandi coste

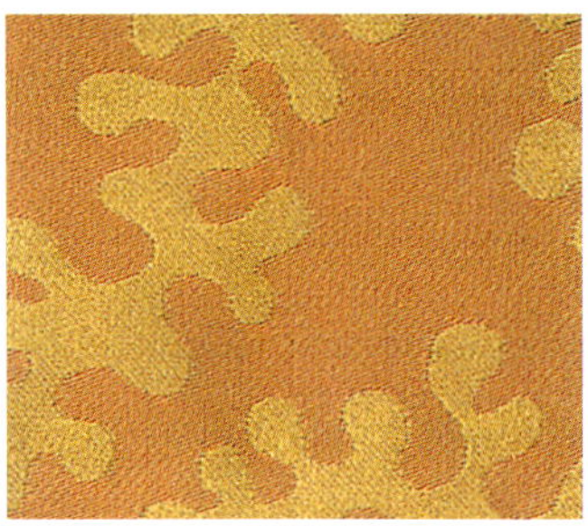
Seta

Seta

Seta tessuta a mano

TESSUTI A STRATI

Le tende di pizzo o di velo vengono tradizionalmente usate per filtrare la luce e assicurare la privacy. I materiali moderni hanno permesso ai designer di sostituire le scelte convenzionali con organze delicatamente stratificate, veli dalle texture leggerissime e stoffe con intagli al laser. Queste stoffe hanno le stesse qualità di leggerezza, contrasto, lucentezza, opacità, trasparenza totale e parziale per accentuare la profondità degli interni. In alternativa, pieghe voluminose, arricciature, increspature ed effetti di stropicciatura di tessuti felpati forniscono diaframmi e colori per dividere e delimitare gli spazi interni. Creare pannelli o pareti in tessuto è un modo economico per coprire aree destinate a magazzino o per interrompere spazi di grandi dimensioni. Laddove un tramezzo solido rimpicciolirebbe visivamente lo spazio in maniera pesante, dei pannelli di tessuto forniscono separazioni visive che consentono il passaggio di aria e luce ma garantiscono un parziale isolamento.

Pizzo

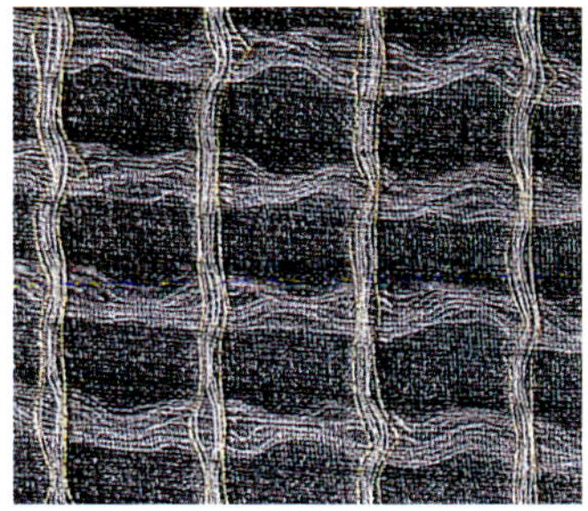
Velo

Velo e rafia

Applicazione in feltro

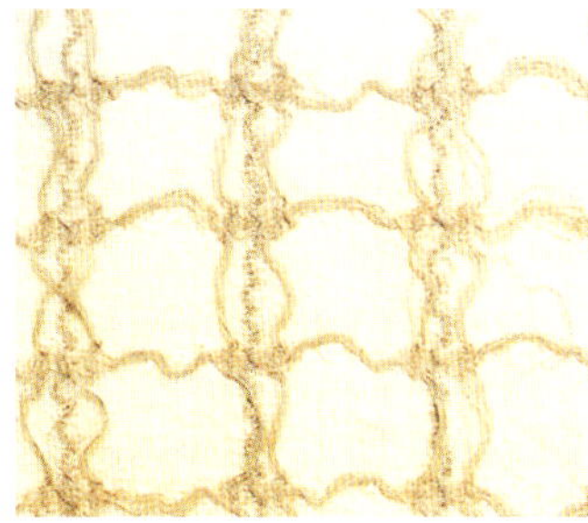
Strato fine

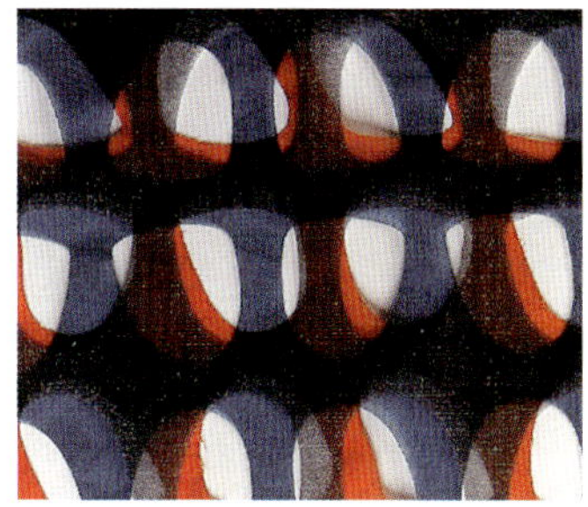
Velo a tre strati

Viscosa e poliestere

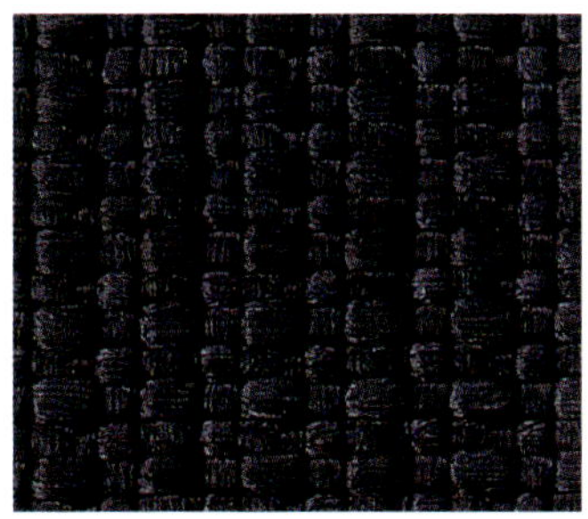
Viscosa e cotone

Cotone e acrilico

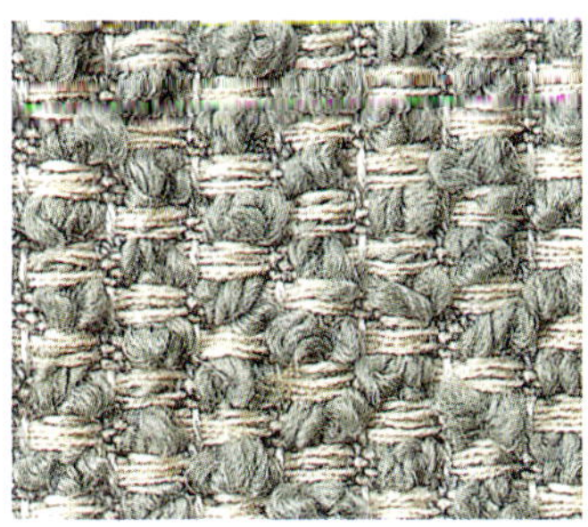
Lana e viscosa

TESSUTI SINTETICI

La moderna tecnologia ha permesso ai produttori di combinare innovazione, durata e funzionalità. Oltre a stampare, i moderni macchinari ora possono eliminare le irregolarità e manipolare le fibre per ottenere una varietà di pesi, mix e finiture. La briosità industriale ha dato nuova vita ai tessuti sintetici. Spesso disprezzate come scadenti e sgradevoli, le fibre sintetiche, come l'acrilico, la viscosa e il poliestere, sono state reintrodotte per le loro qualità superficiali oltre che per i vantaggi pratici, come la resistenza alle macchie e al fuoco. Migliorare le loro prestazioni non ne ha peggiorato l'aspetto: i sintetici di buona qualità ormai si distinguono a fatica dalle sete.

Unità 23: Creare un archivio

OBIETTIVI
- Creare un vostro elenco dei servizi
- Catalogare prodotti e servizi
- Visitare produttori e fornitori

La ricerca e la specificazione di prodotti, materiali e servizi richiedono numerosi spostamenti. Aggiornarsi continuamente sugli sviluppi del design impone l'accumulo di considerevoli quantità di letteratura sui prodotti e di campioni, oltre che la registrazione di dettagli dei contatti importanti. Creare un archivio personale dei prodotti e dei servizi vi consentirà di organizzare rapidamente ed efficacemente le vostre risorse e di disporre di riferimenti sempre a portata di mano.

La maggior parte del lavoro nelle fasi finali del processo progettuale comporta specificare e ordinare prodotti e servizi. Il cliente vorrà sapere per che cosa paga; perciò, la letteratura sui prodotti e i campioni dei materiali dovrebbero essere preparati con largo anticipo. Siate pronti a offrire alternative se le scelte dei materiali non soddisfano il cliente. Che si tratti di pavimentazioni, sistemi di illuminazione o porte, è buona norma disporre di più di un prodotto in fase di presentazione, anche se non è necessario presentare subito le possibili alternative.

Per cominciare a redigere il vostro elenco, raccogliete quante più informazioni possibile. Quando giudicherete di aver raccolto sufficiente materiale, potrete organizzarlo in un sistema completo, come illustrato nelle fasi che seguono. Quando dovrete scrivere la specifica al cliente, sarà questa la vostra risorsa più preziosa.

RIFERIMENTO VISIVO
Illustrazioni e cataloghi sono importanti per specificare finiture o caratteristiche particolari.

TAVOLA DEI COLORI
Campioni e campionari delle tinte sono usati per selezionare gli schemi dei colori e creare armonie coloristiche.

CREARE UN ELENCO DEI SERVIZI

Indirizzario Annotate tutti i nominativi utili e i relativi recapiti telefonici. Procedere per tentativi, oltre al passaparola, vi permetterà di costruire una serie di contatti nel settore. Separate i vari prodotti per categorie, come pavimenti, sistemi di illuminazione, carpenteria, falegnameria, vernici, imbottiti, mobili ed elettrodomestici. Se possibile, annotate tutti i dettagli e i nomi di eventuali contatti.

Letteratura sui prodotti Archiviate la letteratura di settore sotto gli stessi titoli usando raccoglitori a leva (internamente hanno un sistema di blocco a leva al posto degli anelli). Tenete aggiornato il materiale visitando regolarmente le manifestazioni fieristiche o richiedendo depliant informativi ai fornitori.

Campioni Conservate tessuti e altri campioni in raccoglitori etichettati con un semplice sistema che vi permetta di trovare il catalogo corrispondente per ciascuno di essi. Molti serviranno per le cartelle dei campioni, perciò assicuratevi di rimpiazzarli regolarmente.

Riviste Collezionate riviste e pubblicazioni di settore e conservatele in portariviste. Questi materiali sono utili come riferimento per trovare idee nelle fasi preliminari di selezione dei prodotti. Fate delle fotocopie degli articoli se volete inserirli in tabelloni, in modo da lasciare intatto l'archivio. Potrebbe esserci più di un progetto che richiede lo stesso riferimento.

ARCHIVIAZIONE Conservate i campioni in raccoglitori etichettati in modo da trovare facilmente quello che serve.

CAMPIONATURE Finiture di metallo, legno, pietra e laminati sono disponibili sotto forma di campioni presso i fornitori.

Vedi anche
Unità 16: **Pianificare il progetto** (pagina 76)
Unità 17: **Componenti edili** (pagina 84)
Unità 18: **Materiali per edilizia** (pagina 90)
Unità 19: **Servizi** (pagina 94)
Unità 20: **Illuminazione** (pagina 96)
Unità 23: **Creare un archivio** (pagina 108)

Unità 24: Redigere una specifica

OBIETTIVI
- Imparare a redigere una specifica
- Scegliere i prodotti e i materiali appropriati
- Lavorare in base alle richieste del cliente

Come potete immaginare, il termine "specifica" implica la necessità di essere specifici. Avendo ottenuto l'approvazione delle vostre proposte da parte del cliente, la fase successiva è quella di scrivere dettagliatamente tutti gli aspetti del lavoro da svolgere. La specifica dà forma al contratto tra voi, il cliente e l'impresario. Questa unità illustrerà la compilazione di una specifica e chiarirà ciò che si deve e che non si deve fare.

Redigere una specifica generalmente comporta di dover chiarire alcune questioni con il cliente prima di inviarla agli impresari per richiedere le offerte. In questa fase bisogna essere precisi nella stesura della specifica perché qualunque richiesta o dettaglio che non sono stati inseriti comporteranno un aumento dei costi per il cliente e probabili ritardi nell'esecuzione dei lavori in cantiere. Se non esiste un modo unico per scrivere la specifica (i requisiti e conseguentemente la specifica variano da progetto a progetto), è comunque importante avere una lista di controllo da seguire. La precisione e la competenza con cui scrivete le specifiche miglioreranno con l'esperienza. Siate sempre metodici e conservate le precedenti specifiche come riferimento.

SPECIFICA COMPLETA
Illustrate tutti i prodotti indicando in pianta la loro disposizione. Sottoponete al cliente una presentazione formale per l'approvazione del contratto e assicuratevi che il cliente si renda ben conto dei costi derivanti dal progetto.

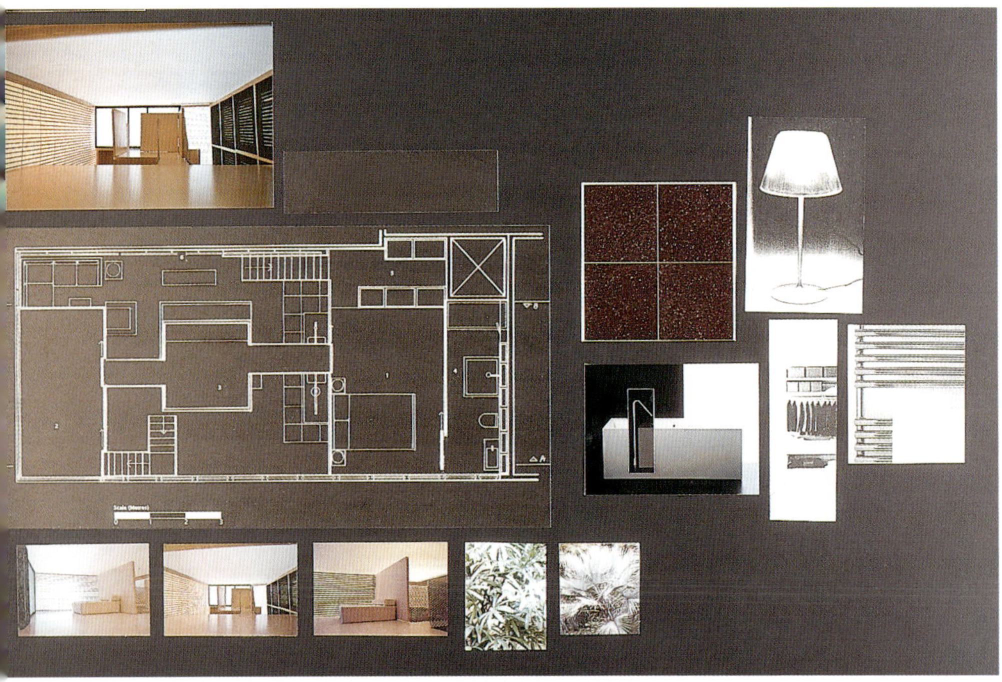

FASE 1
Usate gli appunti presi parlando col cliente per suddividere il progetto in fasi operative. Queste devono tenere conto di ogni locale o area dell'edificio che subirà cambiamenti. Cominciate con gli elementi esistenti e procedete elencando i lavori da eseguire fino alla realizzazione del progetto. Per ogni spazio, indicate gli interventi per categoria: preparazione, svuotamento, portata del lavoro, servizi, finiture, falegnameria, decorazione, attrezzature, accessori, elettricità.

FASE 2
Sia che dobbiate trattare con muratori, idraulici, elettricisti o organizzare imbianchini e decoratori, dovrete specificare il lavoro da svolgere e decidere chi lo fa. Suddividete i titoli di conseguenza in modo che, per esempio, gli interventi edili siano in una specifica e mobili e complementi d'arredo in un'altra.

FASE 3

Assicuratevi che ogni specifica riporti come titoli i seguenti paragrafi (se applicabili o adattati) a garanzia che il lavoro venga svolto secondo gli standard adeguati:

"Tutti i lavori saranno svolti secondo gli standard adeguati. Con questo si intende che verranno adottate le procedure migliori, in conformità agli appropriati standard nazionali e locali applicabili."

"Per assicurare la continuità del lavoro, evitando interruzioni e ripetizioni, l'appaltatore è tenuto ad avvisare il supervisore e a discutere con lui delle date ultime di consegna dei materiali e delle istruzioni fornite da quest'ultimo."

"È responsabilità dell'appaltatore garantire che il cantiere sia mantenuto sicuro e pulito durante l'esecuzione del lavoro e che al termine dello stesso sia lasciato nelle condizioni appropriate per l'inizio della decorazione."

Sui disegni, sull'angolo in alto a destra del pannello informativo:

"Non rappresentare in scala. Tutte le misure devono essere verificate in cantiere. Eventuali discrepanze vanno riferite al progettista o all'architetto."

L'ASPETTO DEL PROGETTO FINITO
Se possibile, usate immagini dell'interno e i riferimenti di cataloghi per mostrare gli schemi coloristici, le finiture interne e le caratteristiche dei prodotti.

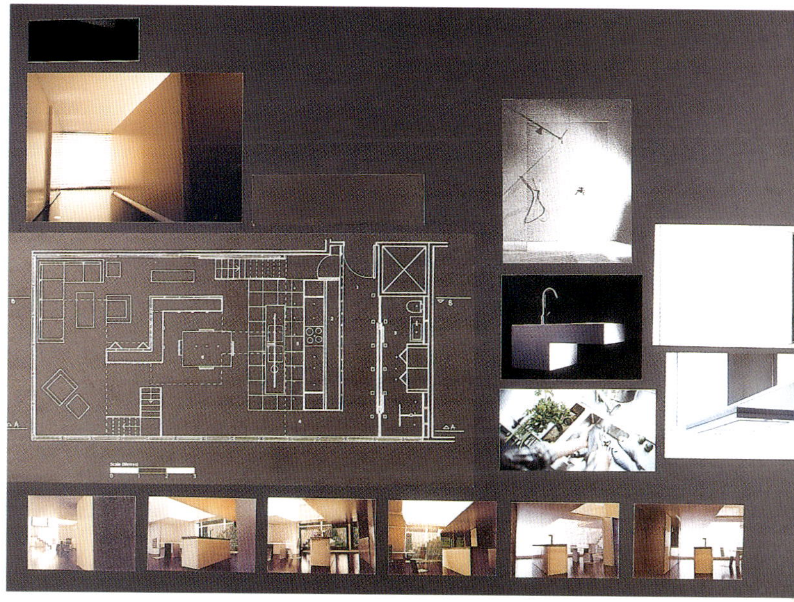

PRESENTAZIONE PROFESSIONALE
Un progetto professionale adeguatamente presentato ispirerà fiducia al cliente e promuoverà buoni rapporti di lavoro per l'intera durata dell'incarico.

MODIFICHE ALLA SPECIFICA

Una volta che la specifica è stata approvata, qualunque cambiamento e aumento dei costi devono essere autorizzati per iscritto e firmati dal cliente. È consigliabile registrare eventuali discussioni con il cliente durante l'intera durata dell'incarico. Prendere appunti serve a ricordare di che cosa si è parlato e aiuta a evidenziare e rendere prioritarie le questioni più importanti. Inviate una copia delle note al cliente. La lettera confermerà l'esito della discussione e servirà da ulteriore controllo a garanzia che abbiate capito correttamente l'intervento da realizzare.

Vedi anche

Unità 17: **Componenti edili** (pagina 84)
Unità 18: **Materiali per edilizia** (pagina 90)
Unità 20: **Illuminazione** (pagina 96)
Unità 21: **Colori e interni** (pagina 100)

Unità 25: Creare un campionario

OBIETTIVI

- Imparare a reperire prodotti e campioni
- Imparare a preparare una cartella di campioni
- Capire come presentare il progetto finale

Una cartella di campioni può evocare il tono e l'atmosfera del progetto finale riunendo tutti i materiali che avete scelto in un tabellone di presentazione. I dettagli di materiali, finiture e prodotti forniscono uno stimolante accenno di quello che sarà il progetto finito. Imparate a selezionare e rintracciare i materiali per creare una semplice cartella di campioni. Questa unità fornisce le linee guida per scegliere il metodo migliore di presentare il design prescelto.

CONTESTUALIZZARE I CAMPIONI
I campioni sono abbinati a immagini per mostrare quale aspetto avrà l'interno e come funzionerà.

La cartella dei campioni è un'opportunità creativa di inserire nel loro contesto le vostre idee progettuali. Dovendo scegliere tra un grande numero di possibilità e prendere molte decisioni, avrete bisogno di coordinare le vostre idee. Una presentazione efficace dei materiali vi aiuterà a preparare in fretta lo schema di design che avete concepito.

Cominciate dal trattamento di pavimenti, pareti, scale e soffitti. Questi sono gli elementi principali di un interno e vanno considerati per primi. Nello sviluppare il senso dello spazio interno è opportuno valutare colore, texture, luce e forma. Ricordate che le relazioni create tra i vari materiali dovrebbero comprendere l'intero concetto di spazio. Corredate di appunti le scelte dei materiali e motivatele. Per approfondire le idee relative allo spazio, raccogliete riferimenti e immagini che illustrano le proprietà spaziali che volete ottenere. Ciò è particolarmente utile nel discutere le idee con il cliente. Il design è un linguaggio visivo e pertanto dovreste sempre disporre di riferimenti visivi che esprimano le vostre idee. Cercate di evitare le immagini sovradimensionate, come quelle pubblicitarie o relative a stili di vita. Si tratta infatti di immagini preconfezionate che contengono messaggi o storie che non vi appartengono. Optate per semplici figure architettoniche che si riferiscano più specificamente alla qualità degli spazi che volete costruire.

La fase successiva è quella di immaginare come illuminare efficacemente l'interno. Usate sistemi di illuminazione che giovino all'architettura dello schema. Fate una ricerca di mercato per selezionarne tipi diversi. Consultate le aziende produttrici, mostrate il progetto e spiegate gli effetti di luce che volete creare. Questo è un ottimo sistema per stabilire contatti nel settore, oltre a un modo per entrare nello spirito del lavoro del designer. Per dettagliare il design, considerate tutti gli arredi, le attrezzature e gli accessori. La vostra scelta dei prodotti dovrebbe adattarsi ai materiali presenti nell'ambiente.

IL PROGETTO

Seguendo le indicazioni fornite nella pagina precedente, create una cartella di campioni per uno spazio vitale domestico o per un ambiente d'ufficio commerciale. Scegliete uno spazio a cui avete accesso e reagite alle proprietà fisiche dell'interno. Per l'ambiente domestico, decidete quali cambiamenti apportare, usando materiali differenti per migliorare lo spazio. Se avete scelto un ufficio, cercate di aggiornare e rinnovare gli elementi aziendali esistenti fornendo nuove proposte per arredamento, spazi per riporre e sistemi di illuminazione.

Il processo

Create una cartella di campioni delle dimensioni di un manifesto che illustri il carattere del vostro progetto con immagini di riferimento, campioni di materiali e fotografie delle lampade e degli arredi che pensate di usare. Nel montare campioni e immagini, raggruppateli in base alle categorie di appartenenza; per esempio: illuminazione, mobili, pareti, pavimenti e così via. Includete le etichette dei prodotti e la spiegazione dell'idea complessiva dello spazio. Sottoponete la cartella dei campioni a un amico (nel ruolo di cliente) per valutarne le reazioni.

PRESENTAZIONE IMPRESSIONISTICA
Un montaggio creativo raddoppia l'effetto della cartella dei campioni per esprimere le qualità materiali dell'interno.

PURA CAMPIONATURA
Una cartella di campioni minimalista libera i materiali da qualunque immagine per evidenziarne le qualità fisiche.

PRESENTAZIONE LINEARE
Materiali e riferimenti si possono archiviare semplicemente sulla scheda di presentazione come elementi lineari di informazioni.

STUDIO ANALITICO 07: Una residenza su grande scala

L'INCARICO
Ampliare la casa per un nuovo partner, con più spazio per riporre e arredi su misura per una soluzione abitativa definitiva.
Budget: buono. Il cliente è un banchiere con una nuova compagna.
Design: Forster, Inc.

Semplici bisogni e richieste pratiche sono il punto di partenza per la creazione di spazi per riporre in questo appartamento. La creazione di questi spazi è la guida per una risposta funzionale all'incarico. Questo caso illustra come un progetto possa funzionare su più livelli, dal momento che crea anche un ambiente ergonomico fatto per viverci per molto tempo.

DIVISORIO PER RIPORRE

Un problema pratico può essere lo spunto per ispirare una soluzione creativa. L'esigenza di maggiore spazio per riporre è la novità per questo appartamento occupato da un banchiere single: deve essere trasformato per accogliere una coppia. Sono stati disegnati due mobili contenitori che sfruttano l'intera altezza della stanza (3,3 m). Posizionato in prossimità dell'ingresso, il primo mobile crea un secondo corridoio all'interno della zona soggiorno principale, mentre in camera da letto il mobile si situa perfettamente attorno all'ingresso del bagno en suite.

Il noce scuro impiallacciato è abbinato a laminato plastico color panna nella parte superiore e ravvivato dall'illuminazione lineare gialla alla base.

SEPARAZIONE DELLO SPAZIO
Lo spazio per riporre in camera da letto sfrutta quello inutilizzato attorno a una porta per creare un'evidente separazione tra il luogo del riposo e quello dell'igiene personale. La luce gialla fluorescente regolabile posta alla base del mobile lo solleva leggermente dal pavimento.

RIVESTIMENTI ACCURATI
Il rivestimento delle superfici definisce le zone in cui ci si può sedere in pelle color cioccolato a completamento del legno di noce scuro. Superfici rigide e morbide s'incontrano a formare una finitura piatta e non sporgente.

DETTAGLIO DI DESIGN

Struttura e mensole del mobile sono realizzate in MDF, con antine rifinite in compensato di betulla da 18 mm. Gli elementi verticali sono realizzati in MDF da 18 mm, rivestiti di noce nero americano e laminato beige.
Le imbottiture delle sedute sono rivestite in pelle marrone e un tocco di luce viene fornito da faretti fluorescenti regolabili puntati verso il basso. Tutte le superfici in legno sono trattate con cera neutra.

SPAZIO PER RIPORRE DI TUTTO
Sistemi per riporre come questi creano zone a giorno e altre chiuse per esporre oggetti ed eliminare il disordine.

PRIME IMPRESSIONI
Elementi lineari creano spazio per riporre, pareti divisorie e spazi espositivi. Vicino alla porta, il mobile crea un secondo corridoio per schermare il punto di ingresso e definisce chiaramente il passaggio al soggiorno.

UNITÀ MULTIFUNZIONALI
Basato su linee diritte e geometrie nette, il mobile contenitore corrisponde allo stile dell'appartamento pur conservando la sua identità unica di elemento estetico. Crea contrasti di colore, texture e finitura superficiale e ha la funzione di migliorare la vita domestica quotidiana.

MOBILI SU MISURA

Oltre ai mobili contenitori i designer hanno creato una famiglia di elementi d'arredo per l'intrattenimento domestico e per riporre oggetti, tra i quali un mobile bar, un mobile TV e uno per lo stereo. I vari elementi sono stati disegnati in modo da essere discreti e funzionali, ispirandosi alla geometria, ai puzzle e alle scatole cinesi in lacca. I contenitori sono formati da semplici pannelli e lasciano trasparire la loro funzione mediante cambiamenti materici delle superfici, aprendosi in varie maniere per mostrare le apparecchiature all'interno. Realizzata in fogli di Buffalo, un materiale di rivestimento comunemente usato nei veicoli commerciali, la superficie di ciascun elemento è lavorata su un lato e liscia sull'altro. Altri dettagli: linguette in materiale acrilico che richiamano lo stile Prada, cerniere d'acciaio e chiusure magnetiche. Avendo ricevuto indicazioni chiare e funzionali, il team di design è riuscito a soddisfare le esigenze del cliente coniugando le attuali tendenze con un design innovativo e accessibile.

SEMPLIFICARE LE FORME
Chiusi, questi elementi d'arredo ricordano dei solidi e solo discreti cambiamenti delle superfici aiutano a localizzare la posizione dei compartimenti interni di servizio.

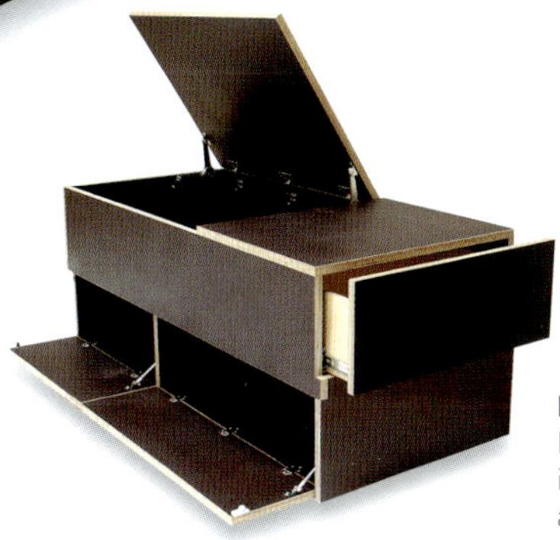

DETTAGLI FUNZIONALI
I vari mobili per riporre presentano dettagli scolpiti e sono realizzati su misura, per soddisfare la richiesta di farvi scomparire hardware e cavi elettrici.

FLESSIBILITÀ
I contenitori possono essere posizionati in verticale o in orizzontale. Le ante a chiusura magnetica si aprono a pressione verso l'alto, verso il basso, lateralmente o orizzontalmente nel caso dei cassetti. La flessibilità accentua l'aspetto estetico di questi pezzi dal bel design.

CONTENITORI
Una famiglia di elementi d'arredo dal design dinamico, netto e compatto che risponde alla richiesta di non avere in vista stereo, televisione e bar. Di forme semplici, le unità forniscono nuove soluzioni per celare gli oggetti dell'intrattenimento domestico.

Eleganti linguette acriliche evidenziano i punti di contatto dei pannelli, rivestiti di fogli Buffalo e, dunque, dalla netta qualità tattile.

STUDIO ANALITICO 08: La vita come evento

L'INCARICO
Creare uno spazio fantasioso e contemporaneo in cui vivere e trasformare tutti gli aspetti della vita quotidiana in lusso estetico.
Budget: alto. Il cliente è un professore di storia incaricato.
Design: Procter-Rihl.

Di quando in quando, i designer sfidano i modi convenzionali di vivere offrendoci nuove idee, ammesso che siano pronti a ricominciare da zero. In questo caso particolare, due architetti con grandi idee hanno deciso di costruire una casa che rivisita ogni attività domestica trasformandola in un'esperienza estetica e di lusso. Luce, spazio e uso accorto dei materiali ispirano un atteggiamento tutto nuovo nei confronti della casa.

STRATEGIA PROGETTUALE

Con una forma assolutamente lineare, nel cuore di un quartiere conservatore, Slice House dimostra l'importanza della strategia progettuale. All'inizio gli architetti si sono dovuti misurare con molte restrizioni urbanistiche locali, ma avvertivano l'esigenza di sviluppare e sperimentare nuove tecniche costruttive. Le indicazioni del committente erano impegnative ma chiare: no ai materiali stravaganti, sì a spazi originali. Il risultato è una serie di spazi abitativi non conformi all'idea tradizionale dei piani orizzontali e verticali. La principale strategia di design si basa sulle distorsioni e sulle illusioni spaziali: varie pareti inclinate danno l'impressione che lo spazio si chiuda e si apra a seconda della posizione dell'osservatore. Lo spazio sembra immediatamente più grande e denso del ristretto terreno su cui è costruito.

COLLOCAZIONE
Slice House sorge al margine di un quartiere residenziale. La prospettiva aerea rivela il suo carattere lineare e la scala in relazione agli edifici adiacenti.

SEZIONE LONGITUDINALE
Il rapporto tra gli spazi del piano inferiore e di quello superiore di Slice House è chiaramente illustrato.

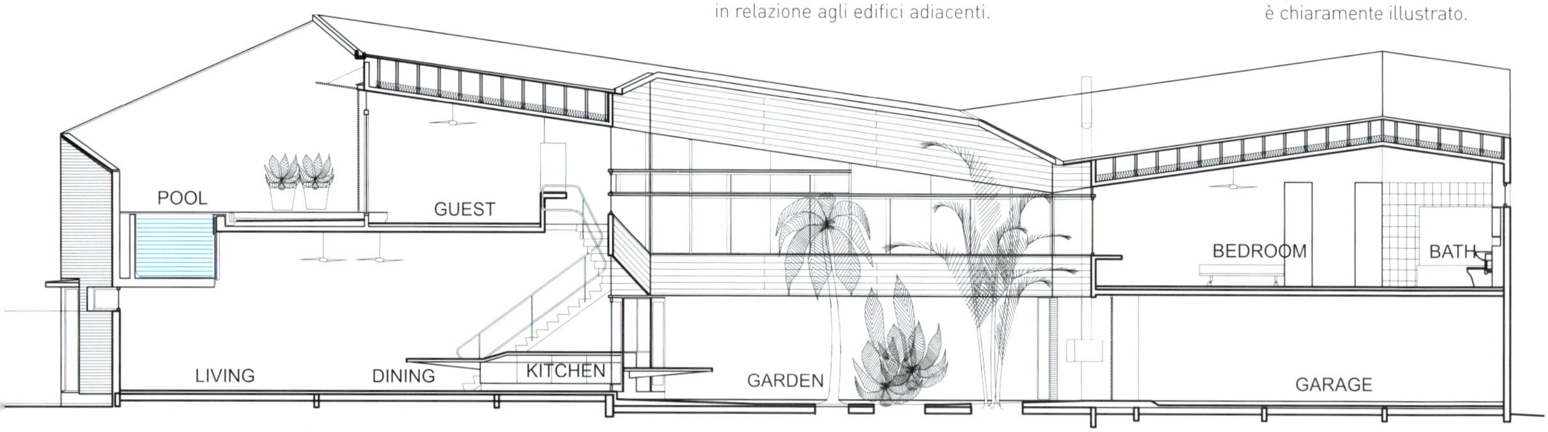

COLLISIONI SPAZIALI

La natura lineare di Slice House fa sì che la continuità dello spazio trasmetta una sensazione di profondità attraverso la quale l'occhio non ha limiti di visibilità. L'ingresso ci porta nella zona soggiorno, poi in cucina e ci collega con lo spazio esterno del patio. Le varie attività non sono racchiuse né tenute separate, cosicché è possibile alzare lo sguardo sul piano superiore, abbassarlo sulla piscina, riemergere al di sotto di questa e tornare al living, godendo di questa subitanea sovrapposizione degli spazi. Queste idee sono supportate da arredi su misura. Il bancone della cucina, lungo 7 m, è un ripiano d'acciaio che alle estremità si allarga trasformandosi in due tavoli sporgenti di 2 m, uno da pranzo e uno da cortile. Una variazione di spessore del piano d'acciaio segna il passaggio dal tavolo da pranzo al piano di lavoro. Fra l'uno e l'altro è inserito un lavello in acciaio inox.

Un bancone-tavolo continuo definisce le aree del pranzo, della cucina e del patio con funzioni che variano a seconda dei differenti punti.

VASCA PISCINA IN VETRO

La parte sommersa della piscina posta al livello superiore è visibile da quello inferiore con un effetto che sfida la legge di gravità. Sostenuta dalle pareti laterali, la vasca di vetro cela la propria costruzione per dare l'illusione della sospensione. Visivamente, la piscina è il generatore di evento nello spazio poiché fornisce luce, colore e movimento.

SCALA VISIVA

Grandi opere d'arte sono state commissionate per interrompere la lunghezza delle pareti interne e per suddividere le varie zone senza ricorrere a divisori fisici.

SCALA

Una scala a U è stata realizzata piegando e saldando sezioni di lamiera d'acciaio da 8 mm alla trave di sostegno che fa da telaio. La sottigliezza del bordo è accentuata dalla colorazione grigio chiaro che contrasta con la parte inferiore a vista dipinta con uno scuro color melanzana.

Grande attenzione è stata data ai dettagli, con attrezzature e accessori che arricchiscono la composizione degli elementi architettonici.

VIVERE ALL'APERTO
Le dimensioni del patio interno sono suggerite dalle palme che forniscono un'indicazione visiva dell'altezza dell'ondulato e della scala dell'edificio.

CORNICI

Si ha la piacevole sensazione che ogni area della casa goda di se stessa. Le cornici divengono uno strumento architettonico per catturare la dinamicità. La piscina, situata al piano superiore, è il principale generatore di eventi nello spazio, ed è percepita come blocco fluttuante sopra il living. Quando viene usata, la piscina polarizza l'attenzione degli ospiti della casa. Durante il giorno funziona da filtro per la luce solare, creando effetti luminosi variabili al variare della qualità della luce. Di sera, con le luci accese, si trasforma in un enorme sistema luminoso. Soffitti pendenti, corridoi che offrono prospettive differenti, pareti che si piegano e scale sospese sono tutti componenti che accentuano il già ricco vocabolario progettuale di questo edificio di grande modernità.

GRIGLIE MULTIFUNZIONALI
Le griglie sopra le finestre, il patio e la terrazza svolgono varie funzioni. Garantiscono sicurezza e funzionano come finestrature che filtrano la luce nell'ambiente. Esteticamente gli effetti di luce conferiscono agli interni una qualità di trasparenza rendendo il palazzo vivace e continuo come un prisma.

BAGNO
Le aree funzionali sono realizzate con semplicità, efficacia ed economia, con tutte le tubazioni raggruppate su una sola parete per aumentare lo spazio libero e ridurre la lunghezza dei tubi. Materiali pratici come le piastrelle per le pareti e il calcestruzzo per pavimenti e soffitti evidenziano un approccio razionale che tuttavia non compromette il design estetico.

CORRIDOIO SUPERIORE
Al piano superiore, un corridoio a sbalzo crea un percorso lineare di luce e vetro, con vista sul cortile interno, prima di diventare un nastro che si avvolge attorno al patio.
Il corridoio inclinato verso il basso fino ad arrivare a poco più di 1,8 m di altezza crea una prospettiva forzata verso la camera da letto, facendo sembrare l'area privata della casa ancor più lontana da quelle comuni.

DISTRIBUZIONE DELLA LUCE
La luce del sole filtra negli spazi interni attraverso il patio, le griglie e la vasca in vetro della piscina al piano superiore. Quasi fossero dei fori, le finestre sono posizionate in modo da generare pozzi di luce, evitando così un'illuminazione blanda e diffusa in maniera uniforme. Queste aperture si trovano ad altezze differenti e forniscono inattesi fiotti luce e viste imprevedibili.

CIRCOLAZIONE
Dalla camera, l'accesso al bagno e alla cabina armadio en suite avviene su entrambi i lati per facilitare i movimenti.

5 Attività professionale

L'attività professionale si focalizza sull'integrazione delle abilità fondamentali in un portfolio progettuale. Il portfolio può rispecchiare l'atteggiamento di un individuo, come pure l'abilità e la propensione a prendere buone decisioni di design. Il portfolio è essenziale quando si cerca lavoro, o come referenza per i clienti, e fornisce un riassunto visivo aggiornato del vostro lavoro, grazie al quale progredire nello studio o ottenere un impiego.

Le capacità fondamentali trattate in questo capitolo sono: presentazione personale, comunicazione del progetto e valutazione critica.

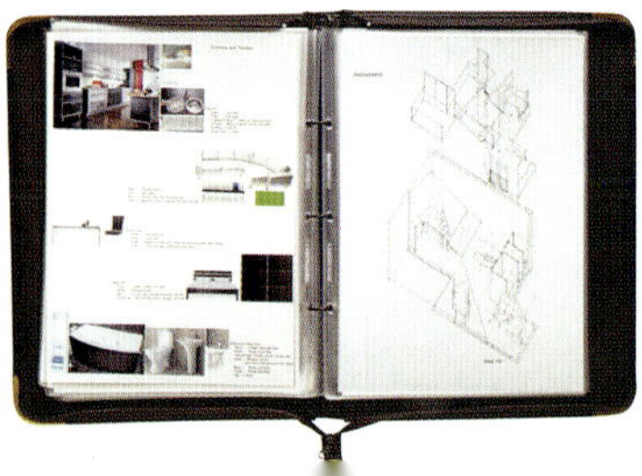

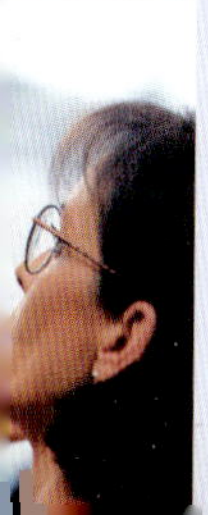

Unità 26: Preparare il portfolio

OBIETTIVI
- Realizzare progetti completi a livello professionale
- Imparare a preparare, rivedere e sperimentare approcci differenti per creare il miglior portfolio possibile
- Presentare il lavoro a un cliente o a un possibile datore di lavoro

Il portfolio è la vostra risorsa più importante. Esso riunisce in maniera organizzata tutti i vostri lavori migliori. Illustra il vostro modo di pensare, attira l'attenzione sulle vostre idee e mostra la vostra abilità nel prendere e trasmettere decisioni progettuali. In questa unità imparerete a riflettere sul lavoro svolto finora e a guardare criticamente la presentazione del vostro portfolio. Ricordate che state usando un linguaggio visivo per comunicare e rappresentare le vostre idee e, pertanto, la chiarezza è vitale.

Il portfolio è lo specchio della vostra professionalità, oltre che il vostro passaporto per il mondo reale. Sia che lo usiate per farvi assumere, per approfondire gli studi o per mostrarlo a potenziali clienti, è uno strumento importante su cui contare.

FORMATO

In sostanza il portfolio è un libro e, pertanto, ne dovrebbe avere il formato. È opportuno che le pagine si leggano tutte nello stesso verso, cioè nel formato paesaggio (orizzontale) o ritratto (verticale). Occasionalmente potrebbe essere necessario mostrare alcuni progetti sia in orizzontale che in verticale. Poiché, ad apertura, si guardano le pagine affiancate, esse dovrebbero essere pensate come complementari l'una dell'altra.

CONTENUTO

Gran parte del lavoro nella creazione del portfolio riguarda la revisione, una capacità estremamente importante. Il portfolio non deve contenere tutti i lavori svolti, ma solo i progetti migliori, quelli maggiormente creativi, tecnicamente eccellenti, stimolanti e affascinanti.

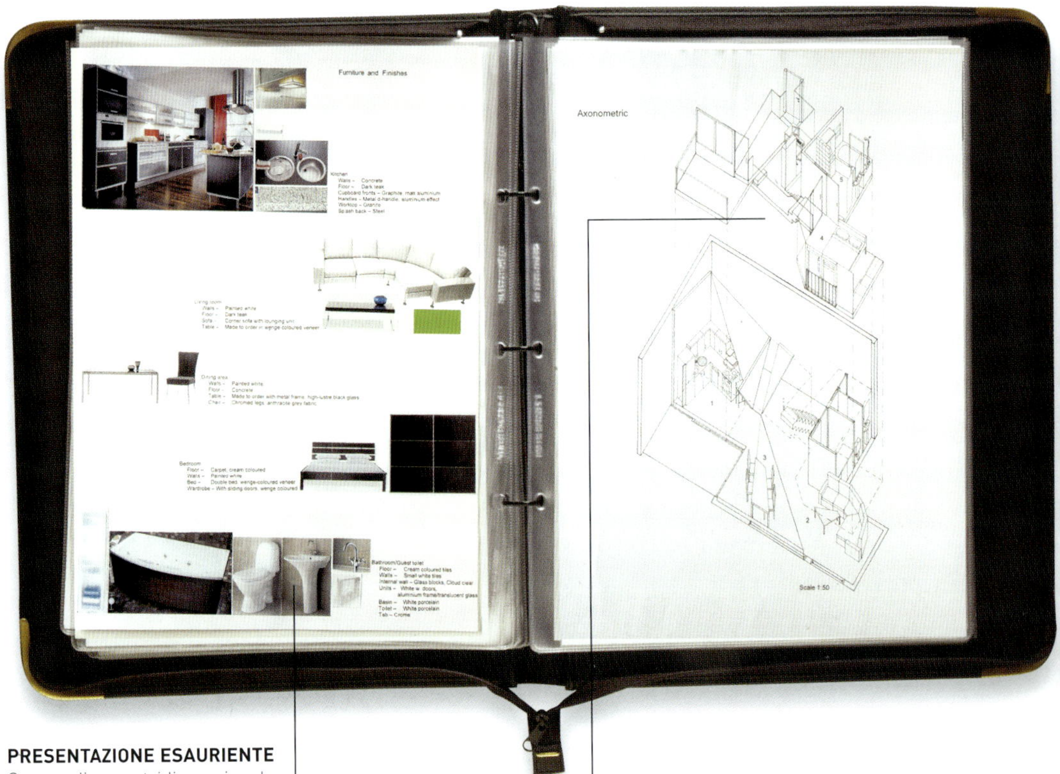

PRESENTAZIONE ESAURIENTE
Con un disegno tridimensionale integrato da una cartella di campioni, queste pagine forniscono informazioni dettagliate circa layout, uso dello spazio, materiali e finiture.

Le fotografie trovate sui cataloghi contrastano visivamente con il bianco e nero del disegno assonometrico della pagina a fronte.

Questo layout di presentazione sfrutta un disegno 3D esploso per mostrare in dettaglio il livello inferiore e superiore della trasformazione di un loft.

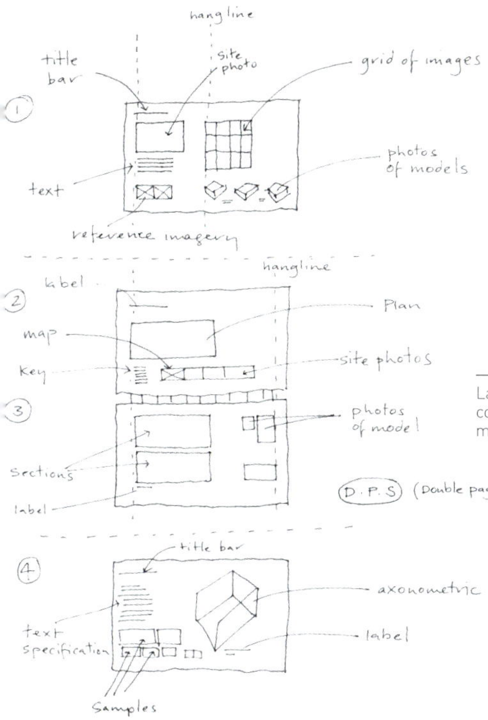

STORYBOARD
Disponete le pagine come su uno storyboard, cioè in un ordine sequenziale che vi aiuti a decidere cosa va e dove, quale scala usare e che mostri il design complessivo delle correlazioni importanti.

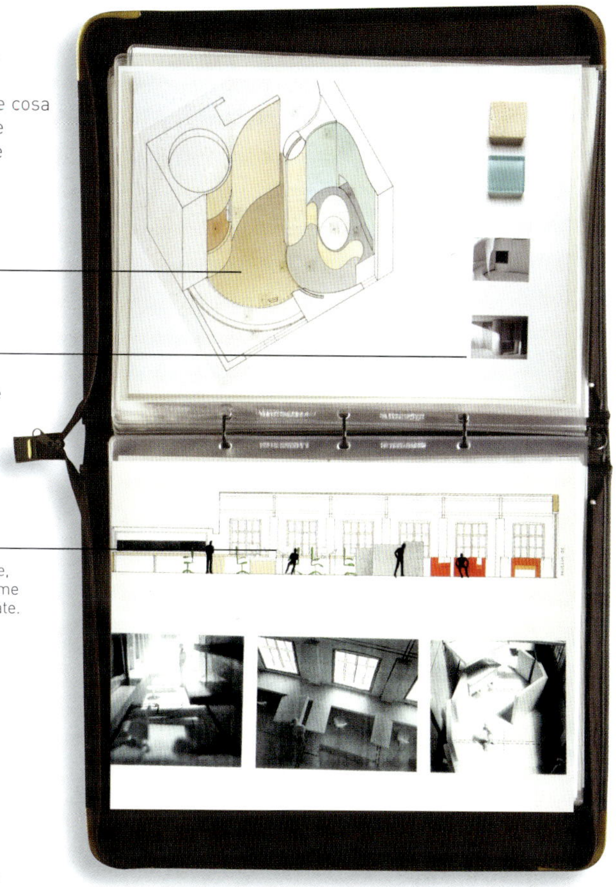

La figura principale rende l'idea del progetto complessivo, rafforzata dai campioni dei materiali e dalle fotografie del modello.

Le miniature possono anche servire a integrare il testo della storia principale della pagina.

Pur con l'uso di fotografie, la sezione è espressa come serie di attività immaginate.

PRESENTARE LE COMPLESSITÀ CON SEMPLICITÀ
Sebbene a prima vista questo progetto sembri ambizioso, uno schema adeguatamente presentato viene facilmente compreso.

Le dimensioni delle immagini possono variare a seconda della loro importanza. La regola fondamentale è la scala. Le immagini più grandi tendono a essere lette come illustrazioni chiave, mentre quelle più piccole si percepiscono come riferimenti all'idea principale.

INFORMAZIONE E ILLUSTRAZIONE
Considerate il rapporto esistente tra immagini e parole. Il testo può accompagnare e supportare le immagini, fornendo spiegazioni o informazioni. In alternativa, può distogliere l'attenzione dalle figure sovvertendo o contraddicendo il messaggio visivo.

LINEE PERPENDICOLARI
Sono lo strumento più importante per il layout e la struttura della pagina. Esse aiutano a organizzare la posizione delle immagini e del testo sulla pagina, ma sono anche vitali per la creazione del linguaggio o della narrazione della presentazione.

Unità 27: Curriculum vitae e lettera di presentazione

OBIETTIVI
- Imparare a chiarire i vostri fini e i vostri obiettivi
- Vendere le vostre qualità e abilità personali
- Capire come progettare la vostra specifica personale

Il curriculum è la prima indicazione che un datore di lavoro avrà delle vostre capacità, delle vostre abilità e delle vostre precedenti esperienze. Un CV ben progettato e professionalmente presentato è un'occasione che può aumentare le possibilità di successo, sia che cerchiate lavoro o che vogliate proseguire lo studio. Questa unità vi guiderà attraverso il processo di creazione del migliore CV possibile, quello che massimizzerà le vostre possibilità e rafforzerà la vostra autostima.

PREPARAZIONE

Prima di cominciare a scrivere il CV, concedetevi un po' di tempo per chiarire quali sono i vostri fini e i vostri obiettivi. Questo vi aiuterà a concentravi sulla stesura del CV rendendolo più pertinente e appropriato ai vostri obiettivi. Considerate la direzione in cui vorreste muovervi nella carriera e focalizzatevi su opportunità e datori di lavoro specifici. Telefonate alle organizzazioni che vi interessano e scoprite quali sono i requisiti richiesti per le assunzioni. È importante che le vostre capacità e abilità corrispondano alle specifiche del lavoro a cui mirate. Mettetevi alla prova e considerate le ragioni per cui un datore di lavoro dovrebbe sceglervi.

CREARE IL VOSTRO CV

L'obiettivo immediato di un CV è quello di ottenere un colloquio di lavoro. Per questo evidenziate i vostri punti di forza e smorzate quelli di debolezza. Nella scrittura, evitate modi di dire negativi e frasi al passivo come "qualche esperienza" o "aiutato e assistito". Usate termini attivi quali "sviluppato", "ricercato", "supervisionato" o "organizzato".

ESSERE SELETTIVI

Ricordate di fornire le informazioni richieste, non la storia della vostra vita. Elencate le esperienze più recenti e rilevanti. L'essere selettivi e concisi si traduce in un CV professionale ed efficace. Mettete in risalto i dati importanti eliminando quelli irrilevanti. Costruite il CV su misura per differenti richieste di lavoro adattando le informazioni. Non abbiate paura di tessere le vostre lodi: i datori di lavoro sono rassicurati dai candidati sicuri di sé e convincenti. Soprattutto, controllate il CV attentamente in modo che non contenga errori di battitura o grammaticali.

PRIME IMPRESSIONI
Scrivete sempre a macchina il CV e la lettera di presentazione. La scrittura manuale non dà un'impressione di professionalità.

Considerate il CV una pubblicità della vostra risorsa migliore: voi stessi. Oltre a sintetizzare i vostri dati personali, sforzatevi di presentare un documento conciso, chiaro e allettante che vi mostri sotto una luce positiva. Un CV efficace non dovrebbe perciò essere più lungo di due pagine. L'ideale, se possibile, sarebbe una sola pagina.

FARSI NOTARE
Insieme al CV e alla lettera, fornite qualche esempio visivo del vostro lavoro. Contribuirà a farvi notare e a emergere dalla massa.

FORMATO

Vi sono vari tipi di CV e dunque differenti maniere di scriverli. Il tipo più tradizionale è il CV cronologico, adattabile al vostro stile personale. Questo formato elenca le informazioni personali, i titoli di studio, le abilitazioni, le capacità, le realizzazioni e gli interessi. Il CV basato sulle capacità è più efficace per le esperienze di vita e di lavoro in quanto suddivide in categorie le abilità importanti identificando le qualità che richiedono. Per esempio, capacità tecniche, manageriali, di lavoro di squadra e di gestione dei tempi che soddisfano i requisiti dei possibili datori di lavoro.

PRESENTAZIONE

Il livello estetico del vostro CV deve essere alto. La ricerca ha dimostrato che la comunicazione nel CV è per l'80 per cento presentazione e per il 20 per cento contenuto. Questo lascia intendere che il mercato è concorrenziale e che il datore di lavoro potrà scegliere tra numerosi candidati. Dal suo punto di vista, la prima fase del processo è di eliminazione. Un CV malamente progettato sarà facilmente scartato. Creare un impatto visivo è dunque d'obbligo. Scegliete un carattere che sia leggibile e gradevole. Evidenziate le frasi importanti per focalizzare l'attenzione su capacità e realizzazioni chiave. Appena possibile, inserite elementi visivi, anche un logo personale o una carta intestata possono rendere il documento visivamente stimolante e possono essere usati in tutta la corrispondenza per accentuare la credibilità professionale. Ogni dettaglio, fino alla qualità della carta usata e della stampa, sarà notato. Ricordate che un CV è una sorta di vostra istantanea, perciò, presentatevi al meglio.

LETTERA DI PRESENTAZIONE

Ogni CV richiede una lettera di accompagnamento. Questa è una comunicazione personale, perciò evitate di iniziare con "Spett. Ditta". Basta una telefonata per scoprire il nome del destinatario. Nel paragrafo di apertura, indicate per quale mansione vi proponete e i motivi per cui lo fate. Se rispondete a un annuncio, citate la posizione richiesta e il posto vacante. Se state scrivendo una lettera per un cambiamento di lavoro, presentatevi e indicate la vostra attuale posizione professionale o la fase dei vostri studi. Nel resto della lettera, dimostrate la ricerca effettuata sull'organizzazione e sulla sua attività. Mostrate di essere disponibili e interessati fornendo le prove di specifiche realizzazioni personali che ritenete adatte all'organizzazione.

Unità 28: Ruoli progettuali

OBIETTIVI
- Capire i differenti ruoli progettuali
- Capire l'anatomia di un lavoro di design
- Capire la terminologia principale associata ai vari ruoli

Un progetto di design richiede la partecipazione professionale di molte persone: prima di tutto il cliente, che renderà possibile il progetto, poi il team di design, che rende attuabili le idee, e, infine, la miriade di impresari, che implementano e realizzano la proposta. Questa unità illustra l'anatomia di un lavoro di design e considera i differenti ruoli necessari per realizzare una proposta progettuale.

RIUNIONI
Sono la linfa vitale del processo decisionale, in particolare all'interno di un team numeroso. Una buona comunicazione permette alle informazioni di fluire verso la base della scala gerarchica.

Affrontare un progetto può essere entusiasmante e rimunerativo. La progettazione è un'attività sociale e come designer imparerete a lavorare con molti professionisti diversi. Ogni progetto di cui vi occuperete sarà anche un lavoro di squadra, perciò è importante mettere insieme la squadra giusta per ottenere il miglior risultato possibile.

IL CLIENTE

Il cliente può essere una persona o un'azienda, un ufficio governativo o un altro tipo di organizzazione. Il vostro cliente è la persona più importante nell'anatomia del lavoro e pertanto si trova in cima alla scala gerarchica. Il cliente rende possibile il lavoro e sarà sua l'ultima parola in merito. Tutte le decisioni riguardanti il progetto dovranno passare dal cliente e riceverne l'approvazione prima di farle conoscere ai gradini inferiori della gerarchia.

IL DESIGNER/IL TEAM DI DESIGN

Da designer, dovrete assumervi svariati ruoli e responsabilità all'interno del processo di progettazione. Potreste essere visti come agevolatori, diplomatici e direttori nel tradurre i desideri del cliente in soluzioni progettuali coerenti ed efficaci. Dopo l'affidamento dell'incarico, un designer/team di design si deve conformare al codice professionale di condotta che regola gli standard relativi all'attività progettuale. Dopo avere abbozzato il progetto iniziale, al designer/team di design servono i servizi del responsabile dei materiali.

RESPONSABILE DEI MATERIALI
Il responsabile dei materiali o degli acquisti **(a sinistra)** deve consigliare il team di design e realizzare la proposta progettuale.

RESPONSABILE DEI MATERIALI

Il responsabile dei materiali o degli acquisti, detto anche "preventivista", studia i disegni architettonici e tecnici e le specifiche per preparare la distinta di base che elenca i singoli componenti richiesti per realizzare la proposta progettuale nella maniera più efficace. Questa persona controlla le modifiche al progetto per calcolarne gli effetti sui costi e prepara le previsioni dei flussi di cassa mensili e le quote d'ammortamento fiscale per i clienti.
Il responsabile dei materiali è indispensabile per progetti su grande scala, ma può essere retribuito a ore per quelli più piccoli.

APPALTATORE PRINCIPALE

L'appaltatore principale è direttamente responsabile nei confronti del cliente e del team di design, e lavora insieme al responsabile dei materiali.
Il suo compito consiste nel dirigere i lavori in cantiere osservando la tabella di marcia e il budget previsto. L'appaltatore può anche avere l'incarico di subappaltare il lavoro a una squadra di appaltatori specializzati, scelti da lui solo o da tutte e tre le parti in questione.

CONSULENTI SPECIALIZZATI

I consulenti specializzati hanno il compito di consigliare i progettisti su aree di conoscenza tecnica, tra cui riscaldamento meccanico ed elettrico, ventilazione, apparecchiature elettriche, illuminotecnica e informatica (prodotti e servizi). Tecnici delle costruzioni possono essere interpellati per consigli su modifiche strutturali e varianti di rilievo.

1. PROGETTO DI PICCOLE DIMENSIONI

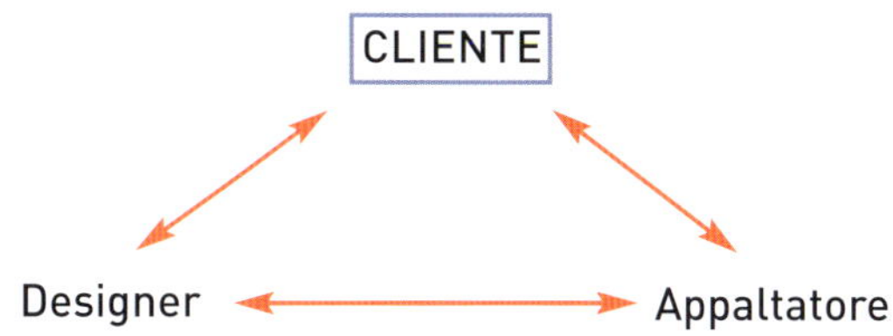

2. PROGETTO DI MAGGIORI DIMENSIONI

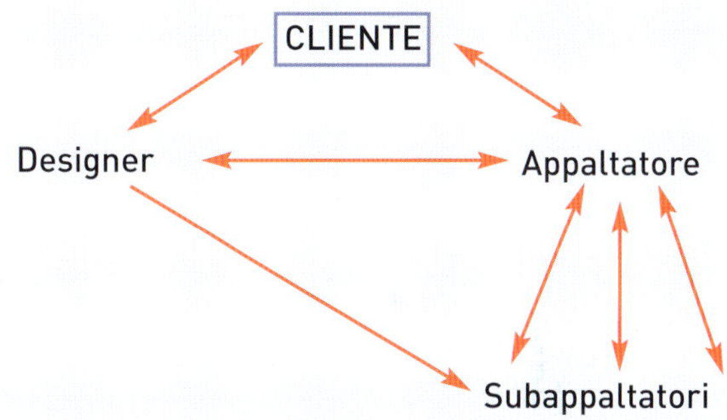

3. GESTIONE DELL'INTERO PROGETTO

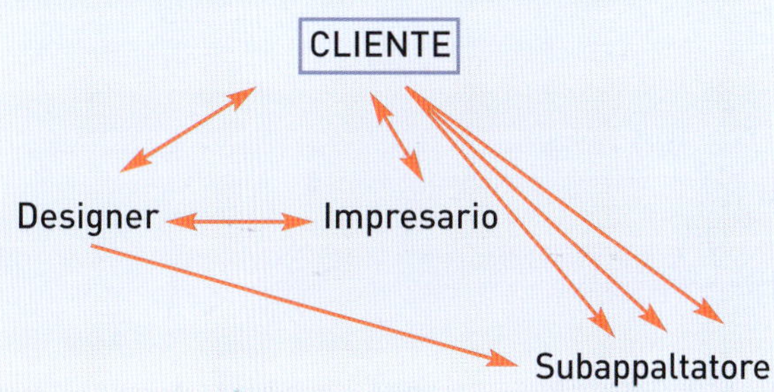

MODALITÀ DI LAVORO
1 Il progetto più semplice prevede il reporting di designer e appaltatore al cliente.
2 Lavori su più grande scala prevedono che l'appaltatore passi gli ordini ai subappaltatori.
3 Dal punto di vista del cliente è l'opzione meno preferita perché cliente e designer devono trattare con tutte le parti.

Unità 29: Il settore del design

OBIETTIVI
- Comprendere il settore
- Analizzare il mercato
- Imparare a promuovere se stessi

Lavorare nel settore del design può essere il vostro obiettivo ultimo, ma prima di raggiungere questa fase dovrete analizzare il campo, incontrare professionisti, chiedere consigli e costruire una rete di contatti. Essere preparati richiede tempo, energia e impegno, ma entrati nel settore, le possibilità sono molteplici. Questa unità fornisce importanti indicazioni che vi aiuteranno a debuttare nel mondo dell'architettura di interni. Possibili datori di lavoro, percorsi di carriera e metodi di marketing sono gli argomenti trattati che vi permetteranno di mettervi in affari.

DESIGN AL DETTAGLIO
I progetti al dettaglio sono caratterizzati da breve periodo di popolarità, elevato turnover e sono spesso strettamente allineati con la moda.

DA DOVE COMINCIARE?

Mettersi in affari può rivelarsi sia eccitante che scoraggiante, ma l'impegno per trovare lavoro vi aprirà gli occhi. Valutare la natura del settore e l'atteggiamento dei datori di lavoro e abituarsi al clima competitivo è un processo impegnativo e tutto in salita, ma ricordate che gli inizi sono sempre difficili. Siate preparati ad accettare tutte le sfide che si presenteranno e sarete ricompensati dai risultati.

CHE COSA FANNO GLI INTERIOR DESIGNER?

Nonostante possa sembrare una domanda banale, spesso c'è molta confusione sul ruolo effettivo dell'interior designer. L'interior design è una disciplina che si situa a metà strada tra la progettazione di prodotti e l'architettura. Di fatto, questo è un vantaggio perché permette ai designer di progredire in una serie di attività correlate, tra le quali decorazione e styling, progettazione teatrale o di set, design residenziale e sviluppo di proprietà, progettazione e rinnovamento di arredi, architettura del paesaggio e architettura.

QUALI CAPACITÀ DEVONO AVERE GLI INTERIOR DESIGNER?

Il ruolo del designer è articolato e richiede molte abilità. Nel complesso, i designer sono dei facilitatori. Fanno sì che i progetti si realizzino attuando chiari sistemi di comunicazione e costruendo buoni rapporti di lavoro. Oggi la maggior parte dei designer è abituata a lavorare in modo multidisciplinare. Collaborare con altre persone creative, come grafici o designer di prodotti, architetti o artisti, può generare opportunità per sviluppare le proprie capacità. Questi rapporti, inoltre, possono rivelarsi proficui perché i clienti spesso richiedono l'intervento di persone diverse per l'implementazione di un progetto.

COME TROVANO LAVORO GLI INTERIOR DESIGNER?

Per lo più il lavoro si trova mediante reti. Le posizioni vacanti di interior designer raramente sono pubblicizzate, perciò cercare il lavoro è imperativo. Per prima cosa vale la pena di contattare grandi aziende che hanno un elevato turnover del personale, nelle quali è più probabile che vi siano posizioni libere.

LAVORARE FREELANCE O ESERCITARE LA PROFESSIONE?

Sono due condizioni molto simili per vari aspetti: l'esercizio della professione può essere considerato un gradino più alto che lavorare freelance e può richiedere maggiore impegno. La cosa migliore è cominciare a lavorare freelance e passare all'esercizio della professione dopo avere portato a termine alcuni progetti.

Lavorare freelance

VANTAGGI

- Bassi costi generali; potete lavorare da casa
- Potete detrarre molti costi nella dichiarazione dei redditi; per esempio, la bolletta telefonica
- Potete usare il vostro conto corrente ed evitare i costi dei conti aziendali
- Potete prendere tutto il lavoro che volete

SVANTAGGI

- La vita di casa e di lavoro potrebbero scontrarsi in termini di tempi e spazi
- Orari di lavoro meno regolari; a volte il lavoro è scarso, altre moltissimo
- Lavoro, campioni, letteratura occuperanno spazio a casa creando disordine
- Dovreste sforzarvi di sembrare professionali come chi lavora in un'azienda o esercita la professione

Esercitare la professione

VANTAGGI

- Apparirete subito più professionali
- Potete ricevere i clienti nel vostro ufficio
- Potete chiedere parcelle più salate
- Sarete facilitati nei contatti con i fornitori
- Potete aprire un conto aziendale con la possibilità di andare in rosso
- Potete seguire orari di lavoro più regolari e non portare il lavoro a casa alla fine della giornata
- Potete lavorare con un partner (che abbia preferibilmente capacità complementari alle vostre) per condividere decisioni e stress

SVANTAGGI

- Conti più complicati rispetto a quelli di un freelance e dovrete avvalervi di un contabile
- Maggiori spese generali legate alla gestione di un ufficio

DIVERSITÀ
Grazie al settore del design commerciale il designer ha a che fare con ambienti e richieste differenti.

In alternativa, trovare lavoro in un piccolo studio assicura al designer un rapporto più responsabile e stretto all'interno dell'organizzazione. Indipendentemente dalla scelta, è consigliabile mantenerla per almeno un anno al fine di acquisire le capacità più importanti, capire come sono gestiti gli incarichi progettuali e acquistare sicurezza prima di mettersi a lavorare freelance o in proprio. Ricordate che non si impara mai abbastanza. Fate esperienza, anche se non sarete pagati. Sbagliate a spese di qualcun altro prima di mettervi in proprio!

COME FANNO GLI INTERIOR DESIGNER A STABILIRE CONTATTI NEL SETTORE?

Il mondo del design è piccolo. Dopo che avrete cominciato a lavorare nel settore incontrerete spesso altri designer e conoscerete la maggior parte delle società e degli studi privati. È vostro interesse farvi conoscere il più possibile. Le opportunità arrivano quando meno ve lo aspettate. All'inizio, è una buona idea mettersi in concorrenza con altri per promuovere il proprio lavoro e, al contempo, creare un proprio portfolio. Quando contattate un datore di lavoro, portate con voi alcuni esempi dei vostri lavori migliori e un CV (vedi Unità 27). Chiacchierare è il modo migliore di creare una rete, di scambiarsi le idee e di costruire contatti. Visitate le manifestazioni di settore e approfittate delle associazioni per incontrare informalmente addetti ai lavori. Tenetevi aggiornati visitando musei e gallerie d'arte, leggendo riviste specializzate e pubblicazioni di settore, e continuate a produrre progetti. Entusiasmo, determinazione e autostima daranno i loro frutti. Potrebbe essere un processo lento, ma l'importante è non gettare la spugna!

VARIETÀ
I progetti possono variare da ambienti completi al design di arredi su ordinazione.

FORMAZIONE PROFESSIONALE, ACCREDITAMENTO E REGISTRAZIONE

Lo standard per gli studi di interior designer è la laurea conseguita in un'università accreditata dalla Foundation for Interior Design Education Research (FIDER). Per ottenere la certificazione, o la licenza, i designer devono superare l'esame del National Council for Interior Design Qualifying (NCIDQ).

Unità 30: Mettersi in proprio

OBIETTIVI
- Sviluppare una strategia aziendale
- Valutare i pro e i contro
- Creare una buona base di capacità

Diventando designer freelance avrete la possibilità di lavorare sia per singoli committenti, sia per studi professionali, gettando al contempo le basi per creare una vostra società. Diventare il capo significa prendere su di sé tutte le responsabilità: dovete essere organizzati, efficienti e preparati ad affrontare periodi economicamente altalenanti. Questa unità illustra i pro e i contro del mettersi in proprio e definisce le capacità pratiche indispensabili per riuscire.

COMUNICAZIONE
Comunicate sempre in modo corretto e aperto con tutti, dal direttore di banca al cliente.

ESPERIENZA PROFESSIONALE

Per mettervi in proprio dovete avere fiducia in voi stessi, non solo nelle vostre capacità come designer, ma che riuscirete a creare un business di successo. Lavorare per un'azienda consolidata prima di mettersi in proprio è importantissimo e fare esperienza all'interno di svariate organizzazioni, dal piccolo studio di design alla grande azienda, permette di comprendere più a fondo la maniera in cui gestire la propria attività. Anche se ricevete subito offerte di lavoro da privati, lavorare per un'organizzazione vi permetterà di vedere come viene gestito il business.

REPERIRE CLIENTI

Un buon portfolio ispirerà il cliente, ma prima dovete trovarlo. Informate tutti quelli che conoscete che ora siete interior designer, perché i clienti possono arrivare grazie alle raccomandazioni più strane e il passaparola può rivelarsi una vera benedizione.

Usate fornitori ed esposizioni per pubblicizzare i vostri servizi. Lasciate biglietti da visita e volantini nei punti vendita collegati, fate pubblicare il nome dell'attività sulla guida telefonica, pubblicizzare i servizi offerti sulle riviste di settore e presentatevi di persona al maggior numero di addetti ai lavori. Le agenzie e le organizzazioni di design possono essere un modo per trovare rapidamente lavoro e di farsi conoscere sul mercato.

CREARE UN'IDENTITÀ

Una buona società di design dovrebbe disporre di un'identità chiara e i clienti dovrebbero sceglierla perché trovano affinità con il suo linguaggio progettuale. Se per natura avete un tipo di approccio forte, usatelo. In questo modo avrete maggiori possibilità di farvi conoscere.

GESTIRE I TEMPI
Soprattutto, fissate delle scadenze e cercate di consegnare sempre il lavoro nei termini previsti.

È probabile che i futuri clienti lo considerino anche un punto di forza del vostro lavoro e ricorreranno a voi con maggiore fiducia. Se vi piace impegnarvi in una serie di progetti differenti, usate questa caratteristica a vostro vantaggio per attirare nuovi clienti. È importante godere delle sfide presentate dai vostri progetti, poiché ognuna di esse offre opportunità progettuali proprie, ma è anche buona norma avere una strategia. Sul breve termine, l'accettare tutti i progetti che capitano può accrescere positivamente l'esperienza, ma via via che ne acquisirete di più imparerete che alcuni incarichi non vi ispirano. Sul lungo termine, scartate i lavori che ritenete inadatti ed evitate di accettare raccomandazioni che vi bloccherebbero in un campo che non corrisponde alla vostra attività o alle vostre aspirazioni.

CAPACITÀ RICHIESTE

Un designer freelance deve essere in grado di interpretare e coordinare le richieste del cliente. Ogni progetto è diverso dagli altri e, ancora più importante, non esistono due clienti uguali. Scoprirete presto che gran parte del successo di un lavoro finito dipende dal rapporto che s'instaura con il cliente. Per cominciare, dovete riuscire ad ascoltare ciò che il cliente manifesta come desiderio

e a comunicargli come pensate di soddisfare le sue richieste. I settori del design e dell'edilizia si compongono di molte parti. Essere bravi in tutte è l'ideale se volete gestire in proprio la vostra attività, anche se capire quali sono i vostri punti di forza e qual è il vostro ruolo all'interno di una squadra sono capacità altrettanto utili. Pur non necessitando della conoscenza specifica che un impresario edile deve avere, capire i limiti e le opportunità delle varie tecniche ed essere in grado di comunicarle è un altro vantaggio.

La vostra conoscenza del settore aumenterà a ogni incarico, ma nel frattempo non dovreste esitare a chiedere l'aiuto di professionisti. Un bravo impresario sarà felice di consigliarvi e se il cliente vi fa una domanda a cui non sapete rispondere, spiegate semplicemente che vi informerete e lo ragguaglierete in un secondo momento.

FAR FUNZIONARE L'ATTIVITÀ

Mettersi in proprio sembra eccitante e liberatorio, ma non sono tutte rose e fiori. Vi sono alcuni aspetti quotidiani del lavoro che dovete essere pronti ad accettare. Per cominciare, non abbiate paura di scendere a compromessi e siate pronti a occuparvi delle "seccature". Essere eclettici è un vantaggio negli affari, ma tutti hanno i loro punti di forza e di debolezza. Assicuratevi di conoscere i vostri e fate buon uso del lavoro di squadra per realizzare quello che non potete fare da soli e trovate la persona giusta che se ne occupi.

ELEMENTI ESSENZIALI
Comandare significa essere al posto di guida, perciò siate sempre organizzati. Accertatevi che lavoro cartaceo, archivi, contabilità e corrispondenza siano in ordine.

Glossario

Assonometria
Disegno tridimensionale della visione di uno spazio interno ottenuta proiettando le altezze di una planimetria.

CAD
Disegno e progettazione con il computer. Programmi usati per disegnare, modellare e simulare idee spaziali nel processo di progettazione.

Carichi di traffico
Il peso di persone e arredi; elementi che si aggiungono o si tolgono dal progetto finito e che, pertanto, devono essere considerati nella costruzione di edifici.

Carichi fissi
Il peso dei materiali e delle strutture statici.

Cartella dei campioni
Rappresentazione visiva dei materiali usati in uno schema progettuale che descrive arredi, attrezzature, accessori e finiture.

Cavità
Spazi e vuoti interni che servono a evidenziare i bordi o il profilo dei solidi.

Cono visivo
Rappresenta quello che si può vedere in un disegno prospettico prima che diventi distorto.

Convenzioni di disegno
Linguaggio visivo usato dai designer per rappresentare e comunicare idee con disegni bi- e tridimensionali.

Corsi, paio di
Supporto usato per la costruzione di rampe di scale nei modelli.

Criteri di design
Serie di importanti obiettivi che il disegnatore si propone di raggiungere.

Decoratore d'interni
Professionista responsabile del rinnovamento di spazi interni in base alle attività a cui sono destinati che solitamente comprende specifiche e fornitura di mobili, tessuti d'arredamento, tende, schemi di colore, illuminotecnica e disposizione degli arredi.

Decorazione d'interni
Il rinnovamento e l'assegnazione di uno stile a spazi interni.

Design minimalista
Approccio multifunzionale al design che lo rende flessibile e pratico.

Diagramma a ragno
Diagramma usato per ispirare idee o alternative.

Disegno a mano libera
Disegno tracciato a mano senza l'aiuto di strumenti.

Disegno in elevazione o prospetto
Disegno bidimensionale che rappresenta la facciata esterna di un oggetto o di un edificio.

Disegno tecnico
Metodo che utilizza tecniche e convenzioni particolari per realizzare disegni precisi e in scala.

Elemento portante
Componente architettonico che sostiene o trasmette i carichi al suolo.

Ergonomia
La relazione tra la persona e l'ambiente in cui le dimensioni sono cruciali per l'attività e la salute.

Facciata
La parte anteriore o frontale di un edificio.

Grafico a bolle
Grafico che mappa il rapporto tra gli spazi e le attività a cui sono destinati.

Imprenditore edile
Specialista che lavora per la squadra di progettazione e il cliente per realizzare, costruire e gestire il progetto finale in cantiere.

Indicazioni di progetto
Serie di indicazioni fornite dal cliente per definire i parametri dell'incarico progettuale.

Interior design
Progettazione spaziale e strutturale di interni.

Interior designer
Professionista responsabile della progettazione di ambienti interni adattati a chi li usa modificando la preesistenza o allestendo da zero lo spazio. Di solito gli arredatori d'interni lavorano insieme a un team alla realizzazione di un progetto.

Linee di misura
Serie di linee che indica le dimensioni su disegni tecnici o a mano libera ricavati dal sopralluogo sul posto.

Linguaggio progettuale
Approccio adottato per informare il progetto e descrivere una narrazione estetica con i rapporti fra i materiali.

Maschera di montaggio
Struttura che mantiene in posizione i pezzi da incollare.

Microcostruzione
Edificio o forma in piccola scala.

Modello
Modello fisico di un'idea di spazio realizzato con materiali economici.

Modello per presentazioni
Modello che utilizza materiali e finiture realistici per trasmettere l'atmosfera di uno schema progettuale.

Pianificazione
Il processo di elaborare, coordinare e organizzare un dato spazio.

Pianta
Disegno bidimensionale che mostra uno spazio interno dall'alto dopo che è stato tagliato all'altezza della vita.

Pianta dei sistemi di illuminazione
Un disegno in pianta che mostra la posizione e i tipi di illuminazione usati in un interno.

Portfolio
Esaustiva raccolta che mostra progetti, abilità personale e capacità professionali di design.

Processo di design
Serie di fasi progettuali a cui il designer si sottopone per attuare e completare il progetto.

Progetto ecologico
Progetto sostenibile che ricorre a materiali riciclati, tecnologia non costosissima e risparmio energetico ottenuto grazie all'impiego di energia solare ed eolica.

Proiezioni ortogonali
Viste bidimensionali sotto forma di piante, sezioni e prospetti che mantengono coerenti la scala e le proporzioni delle dimensioni.

Proposta di progetto
Documento scritto che definisce le modalità di esecuzione dello schema progettuale.

Prospettiva
Vista tridimensionale di un oggetto, di un interno o di un edificio ad altezza d'occhi.

Punti di taglio
I punti per i quali passa la linea di taglio o sezione che determina la vista dell'interno, come vista in pianta o come sezione.

Punto di fuga
Il punto in cui tutte le linee svaniscono in un disegno prospettico.

Rapporto resistenza/peso
Rapporto tra il peso di un materiale e la sua resistenza.

Regolamenti edilizi
Serie di codici e standard basati su requisiti di salute e sicurezza a garanzia di una buona pratica progettuale.

Riciclaggio
Processo di riutilizzo dei materiali esistenti per ridurre il consumo di energia e gli sprechi.

Scala
Le dimensioni date di un oggetto, ingrandite, ridotte o mantenute reali.

Scanalatura
Incavo a forma di gradino praticato lungo il bordo o la faccia di un materiale per accogliere il bordo o la linguetta di un altro materiale.

Scheda concettuale
Rappresentazione visiva bidimensionale di un'idea o di una serie di idee creata nelle fasi iniziali di un progetto per il cliente.

Schema progettuale
Progetto finale che riconfigura un dato spazio in base alle indicazioni fornite dal cliente.

Sezione
Vista bidimensionale di un interno tagliato in verticale per la lunghezza o la larghezza di un edificio.

Sistema HVAC
Heating, ventilation, and air conditioning (riscaldamento, ventilazione e condizionamento dell'aria).

Sistema proporzionale
Sistema che raggiunge l'armonia stabilendo il rapporto di una misura o proporzione con un'altra.

Solidi
Composizione architettonica in cui i materiali da costruzione sono usati per descrivere la massa come un tutt'uno.

Sopralluogo
Il processo di misurare uno spazio al fine di raccogliere i dati per la realizzazione dei disegni tecnici.

Sostenibilità
Condizione raggiunta con l'uso di materiali derivanti da fonti rinnovabili, che non danneggiano l'ambiente e non mettono in pericolo l'equilibrio ecologico.

Spaziale
L'esperienza architettonica dello spazio.

Spessore delle linee
Convenzione usata nei disegni bidimensionali per indicare la profondità e le proprietà dei materiali.

Strategia di design
Serie di criteri ispirati a un'idea o a un concetto centrali.

Team di progetto
Un gruppo di qualificati professionisti che può comprendere ingegneri civili, preventivisti, elettricisti e meccanici, arredatori d'interni e architetti.

Tramezzo
Struttura che divide lo spazio in più parti.

Risorse

ORGANIZZAZIONI INTERNAZIONALI DI INTERIOR DESIGN

American Society of Interior Designers (ASID)
L'ASID è una delle due principali organizzazioni professionali statunitensi, l'altra è l'International Interior Design Association (vedi sotto). L'ASID conta 38.000 associati che promuovono l'interior design attraverso istruzione, patrocinio, creazione di comunità e aiuti.
608 Massachusetts Ave NE, Washington, DC, 20002, USA
www.asid.org

British Interior Design Association (BIDA)
Costituito originariamente nel 2002 attraverso la Interior Decorators and Designers Association (IDDA) e la International Interior Design Association (IIDA, sezione del R.U.), questo organismo professionale per arredatori d'interni continua a promuovere elevati standard professionali. Fornisce informazioni su corsi, link e associazioni di studenti.
1/4 Chelsea Harbour Design Centre, Chelsea Harbour, London SW10 0XE, UK
www.bida.org

British Interior Textiles Association (BITA)
Questa associazione rappresenta e promuove il settore inglese arredamento e tessuti d'arredamento per interni e per l'esportazione. Utile la guida in linea a prodotti e fornitori accompagnata anche da una guida alle tendenze.
5 Portland Place, London, W1B 1PW, UK
www.interiortextiles.co.uk

The Chartered Society of Designers (CSD)
La CSD è la più grande organizzazione professionale di designer professionisti del mondo, nonché l'unica a rappresentare progettisti di tutte le discipline. La CSD è retta da uno statuto reale e pertanto i suoi associati sono tenuti a fornire altissimi livelli professionali. L'associazione si propone di garantire e promuovere un corpo di professionisti e di regolare e controllarne l'attività a vantaggio del settore e del pubblico.
5 Bermondsey Exchange, 179-181 Bermondsey Street, London SE1 3UW, UK
www.csd.org.uk

Design4Design
Questo completo e prezioso elenco di discipline collegate al design fornisce informazioni su eventi, un database consultabile e un elenco di designer d'interni, mobili e prodotti.
ETP Ltd, 6-14 Underwood Street, London, N1 7JQ, UK
www.design4design.com

The International Interior Design Association (IIDA)
Associazione di networking ed educativa che conta oltre 10.000 associati in nove regioni e con 30 succursali in tutto il mondo, la IIDA si propone di migliorare la qualità della vita mediante l'eccellenza del design e il suo continuo miglioramento.
13-122 Merchandise Mart, Chicago, IL, 60654-1104, USA
www.iida.org

National Council for Interior Design Qualification, Inc. (NCIDQ)
La NCIDQ certifica interior designer nell'America del Nord mediante un apposito esame. Il superamento dell'esame costituisce un prerequisito per i designer che desiderano registrarsi in numerosi stati e province e per tutti quelli che desiderano iscriversi all'albo.
1200 18th Street NW, Suite 1001, Washington, DC 20036-2506
http://www.ncidq.org

Bibliografia

Adler, David
Metric Handbook,
Planning and Design Data
(2a edizione) Architectural Press, (1999)

Adler, David, and Tutt, Patricia, eds.
New Metric Handbook:
Planning and Design Data
Architectural Press, (1992)

Ashcroft, Roland
Construction for Interior Designers
Longman, Art and Design, (1992)

Baden-Powell, Charlotte
Architect's Pocket Book
Architectural Press, (2001)

Ching, Francis
Architectural Graphics
Van Nostrand Reinhold

Ching, Francis
Design Drawing
Van Nostrand Reinhold (1998)

Ching, Francis
Interior Design Illustrated,
Van Nostrand Reinhold, (2000)

Gaventa, Sarah
Concrete Design
Mitchell Beazley, (2001)

Georman, Jean
Detailing Light: Integrated Lighting Solutions for Residential and Contract Design
Whitney Library of Design, (1995)

Hohauser, Sanford
Architectural and Interior Models
(2a edizione), Van Nostrand Reinhold, (1982)

Itten, Johannes
The Art of Color: The Subjective Experience and Objective Rationale of Color
Van Norstrand Reinhold, (1961)

Jiricna, Eva, Staircases
Laurence King Publishing, (2001)

Kilmer and Kilmer
Designing Interiors,
Wadsworth Publishing, (1994)

Martin, Cat
The Surface Texture Book
Gardners Books, (2005)

McGowan, Maryrose, and Kruse, Kelsey
Interior Graphic Standards
John Wiley, (2004)

Neufert, Ernst, and Neufert, Peter
Architect's Data (3a edizione)
Blackwell Science, (2000)

Nijsse, Rob,
Glass in Structures: Elements, Concepts, Designs
Birkhauser, (2003)

Reekie, Fraser, revised by Tony McCarthy
Reekie's Architectural Drawing
Architectural Press, (1995)

Szalapaj, Peter
CAD Principles for Architectural Design: Analytic Approaches to Computational Representation of Architectural Form
Architectural Press, (2001)

Trudeau, N
Professional Modelmaking: A Handbook of Techniques and Materials for Architects and Designers
Whitney Library of Design, (1995)

van Onna, Edwin
Material World: Innovative Structures and Finishes for Interiors
Birkhauser, (2003)

Yee, R
Architectural Drawing: A Visual Compendium of Types and Methods
Wiley, (2004)

Hoehauser, Sanford
Architectural and Interior Models: Design and Construction
Van Nostrand Reinhold, (1984)

Indice analitico

I numeri di pagina in corsivo si riferiscono alle didascalie.

Per Bilge, con tutto il mio amore

Ringraziamenti

L'autrice e l'editore desiderano ringraziare i seguenti studenti del Chelsea College of Art and Design per il loro contributo:

Leo Bartlett, Oliver Brown, Nikki Bruunmeyer, Toby Burgess, Annabelle Campbell, Ruth Canning, Lisa Cooper, Charlotte Dewar, Mikaela Dyhlen, Niti Gourisaria, Ussmaa Gulsar, Chisato Haruyama, Caroline Howard, Tamsin Hurst, Go Immamura, Jacinda Jones, Nicola Lichfield, Loucas Louca, Karen Malacarne, Laura Matthews, Glenn Mccance, Lisa Moss, Annika Nordblom, Mayumi Saigan, Abigail Szeto, Hiroko Tanaka

ILLUSTRAZIONI DEGLI STUDI ANALITICI
Leith Adjina, Nem Adjina, John Fieldhouse, Brooke Fieldhouse Associates and Duncan McNeill Imaging, Rachel and Jonathan Forster, Forster Inc., Chris Procter and Fernando Rihl, Procter-Rihl

REALIZZAZIONE DEI MODELLI
George Rome Innes

PROSPETTIVE
Janey Sharratt

LUCI
Jayne Fisher

CAD
Anthony Parsons, Chris Procter and Fernando Rihl, Robert Bell, Sally Wilson

ATTIVITÀ PROFESSIONALE
Rachel and Jonathan Forster, Lyndall Fernie and Stuart Knock, Chris Procter and Fernando Rihl

Quarto desidera inoltre ringraziare per avere fornito le fotografie riprodotte in questo libro:

a = alto, b = basso, s = sinistra, d = destra

32-33a Michel Tcherevkoff; The Image Bank/Getty, 68-69a The Special Photographers Company/Getty, 82-83a Pete Turner; The Image Bank/Getty, 93 Chinch Gryniewicz, Ecoscene/Corbis, 96 Photo Disc, Inc., 97s GL-o Interiors LLP www.gl-o.com, 97d, 98, 99 VOS SOLUTIONS LTD www.vossolutions.com, 101 Jan Baldwin/Narratives, 122-123a Marc Trigalou, Photographer's Choice/Getty.

Nonostante sia stato fatto ogni sforzo per citare i vari collaboratori, l'editore si scusa per eventuali omissioni o errori ed è disponibile ad apportare le correzioni del caso nelle future edizioni del volume.